Franz Xaver Huber

**Frater Felizians merkwürdige Reise zum Kaiser Karl im Untersberg nächst Salzburg**

Franz Xaver Huber

**Frater Felizians merkwürdige Reise zum Kaiser Karl im Untersberg nächst Salzburg**

ISBN/EAN: 9783744699655

Hergestellt in Europa, USA, Kanada, Australien, Japan

Cover: Foto ©Andreas Hilbeck / pixelio.de

Weitere Bücher finden Sie auf **www.hansebooks.com**

# Frater Felizians
## merkwürdige Reise
zum
## Kaiser Karl
im Untersberg nächst Salzburg.

Er lächelt im Traume.

*Mutato nomine de Te fabula narratur.*

# Vorbericht.

Eine Meile von Salzburg liegt der Untersberg, in dessen Bauche, nach einer alten Sage, sich Kaiser Karl der fünfte, oder, wie andere glauben, Friederich von Hohenstauffen (der erste, oder zweyte ist unbekannt) sich befinden solle. Ich folgte anfangs der zwoten Meynung: weil sie sowohl durch ein Manuskript, das mir unter die Hände kam, als auch durch die Benennung eines nahen Berges, welcher der Stauffen heißt, bestättiget zu werden schien. Allein die allgemeine Sage, die für Karln ist, und endlich die Aussage Felizians, der ihn mit seinen

leib-

Ueberdies wissen ia die Alchymisten alle, daß es unterirrdische Menschen giebt, die Kornelius Agrippa *homines pigmaeos, et pilosos* nennt, und die ganz sicher keine andere Bestimmung haben, als ebenfalls unterirrdische Schäße zu bewachen.

Für so einen haarichten Mann hat Felizian — nicht der seichtdenkendste unter den Alchymisten — ohne Zweifel Karln gehalten, der sogar in der Oberwelt wegen seines langen Bartes berühmt ist.

Noch muß ich anmerken, daß ich eben so wenig, wie vielleicht meine Leser, einsehe, wie Doktor Ek Burgpfarrer des Kaisers werden konnte, da er in seinem oberirrdischen Leben ein profaner Staatskanzler des bayerschen Hofes gewesen ist, der sich zwar öfters zu dogmatischen, und feintheologischen Ge-

sand=

sandschaften brauchen ließ; nichtsdestoweniger aber, so viel mir bekannt ist, niemals einen schwarzen Rock, oder Tonsur getragen hat, die ihn eigentlich als Hofpfarrer hätten karakterisiren sollen.

Aber auch um diese, und mehrere andere Kleinigkeiten, die manchem Leser auffallen könnten, wird er sich, mir zu Liebe, nicht bekümmern, zumal es in unsern Zeiten eine bekannte Sache ist, daß ein Hofpfarrer mit schwarzem Rock und Tonsur dirigirender Staatsminister werden könne.

Daß meine, oder vielmehr Frater Felizians Reisebeschreibung nicht verwickelt ist, sondern so ganz natürlich fortläuft, darüber mag sich die Vorsicht verantworten, welcher allein die Sorge über die Kette der Begebenheiten obliegt.

Daß

Daß der Ausgang dem Wunsche des Helden nicht entspricht, er aber doch zufrieden ist, und ohne weiters den Ansprüchen auf das Herzogthum Bayern entsagt, wird der billige Leser dem Einfluß seiner philosophischen Grundsätze auf seine Neigungen zuschreiben. Und nun! der Vorbericht ist fertig; der Herausgeber empfiehlt sich, und seinen Helden, und all das ihrige der Gnade der Leser.

München den 1ten May 1787.

Elisäus.

# Erstes Kapitel.

Guten Morgen, Frater Felizian! wo schon hinaus so frühe? „schönen Dank, lieber Herr! schönen Dank, auf den Untersberg: sprach er lächelnd auf meine Frage, daß ich wohl merken konnte, wie wichtig seine Reise wäre; Denn es war das Lächeln eines geschmeidigen Hofjunkers, der eben nach Hof eilet, seinem gnädigsten Herrn die Laune abzuspähen. Nennen sie mich nicht unverschämt, gnädige Leserinnen! daß ich einen Eremiten mit seinem schmutzigen Barte, wie er nen Hofjunker, lächeln lasse; denn es zwang mich ein Trieb dazu, den sie noch öfters in dieser Schrift wahrnehmen werden. Und überdies wird hier die Vergleichung nur in Rücksicht des Geheimnißvollen gemacht, das sich in der beyden Angesichte zeigte.

Er lächelt ja so geheimnißvoll, wie ein Hofjunker? sagte ich; — Frater Felizian! er scheint mir einen Talisman gefunden zu haben, durch den er sich die festverriegelten Pforten der Karlsburg zu eröfnen gedenket.,, Errathen, lieber Herr!,, Auf einmal errathen! ich wünschte den Ausgang seiner merkwürdigen Reise zu erfahren. Vielleicht kann ich sein Geschichtschreiber werden. ,, Viele Ehre für mich; und zu dem versteh' ich mich ohnehin nicht — ich nehme sie beym Worte.,, Soll gelten; gute Reise, Frater Felizian! ,, Schönen Dank, lieber Herr!,,

Nachdem ich mich von ihm getrennet hatte, so trat die Idee des geheimnißvollen Lächelns wieder vor die Augen meiner Seele.
Da

Da ich eben müßig war, und die Sonne schon bleicher wurde, hatte ich keine Ursache, mich davon zu befreyen. Ich lagerte mich also auf den nächsten Hügel hin, und dachte über die geheimnißvollen Mienen der Hofjunker nach. Das folgende Kapitel ist das Resultat meines Nachdenkens.

## Zweytes Kapitel.

Die geschmeidigen Herren wären sehr übel daran, wenn man ihnen ihre Geheimniße auf's erstemal abmerkte. Sobald etwas aufhört Geheimniß zu seyn, so ist's um die Freude desjenigen geschehen, der so glücklich war, das Geheimniß noch als Geheimniß zu wissen. Ich setze zur weiteren Erklärung den Fall, daß das Geheimniß den Stuhlgang des gnädigsten Herrn betrift; O bedauernswürdiger Junker! was nützen dir dann die erworbenen Helme? was nützt es dir, von Ahnen abzustammen, die unter Heinrich dem Vogler zu

Regenspurg sich öffentlich zu rauffen getrauten? was hilft es dir, sage ich, die Freyheit zu haben, Wohlgeborn zu heissen, wenn du auch ohne Kopf zur Welt gekommen wärest? Dein Glück ist dann den Weg alles Fleisches gegangen. Ich sehe dich, wie du mir noch halb lächelnd sagst; „ich wußte dies um acht Uhr frühe schon." Was denn? nun hat es jedermann in der Zeitung gelesen, daß Se. Hochfürstliche Durchleucht gestern frühe etwas harten Stuhl gehabt haben. Nur wissen wir nicht, was eigentlich Ursache daran ist. Euer Wohlgeborn haben das Glück, eine gute Spürnase zu besitzen, und können folglich das Publikum in den Stand setzen, über die Spezies, oder Ingredienzien zu raisonniren, die so unverschämt gewesen sind, die Exkrementen Sr. Durchleucht zu verhärten. Meinen Lesern darf ich nicht erst anzeigen, wie groß der Nutzen dieser Untersuchung für die Politik werden könne; ich gehe also mit Stillschweigen vorbey, und, weil die Gegend um mich her so hübsch heiter ist, und die Geschäfte, die zu Hause meiner warten, mir untergeordnet sind,

se

so bleibe ich noch eine Weile im Freyen, und unterhalte mich mit meiner beliebten Junkeridee. Der Junker also steht wieder vor mir, so wie er leibhaft wohlgeboren ist. Mit Ihrer Erlaubniß, Wohlgeborne Herren! stehe ich von meinem natürlichen Sitze nicht auf, die Idee zu bekomplimentiren, die eben, wie ein Morgenlüftchen, vor mir schwebt. Wo kömmst du her, niedliches Bild? von welchen Individuen hast du dich losgerissen? wie bist du entstanden? oder bist du mir angeboren? habe ich dich als ein unzertheiltes Fideikommiß vom Grosvater Adam geerbt? Wie hat dich dieser erworben? Von was für einem Urbild ist diese Frisur? wo ist die so lieblichduftende Pomade gemacht worden? Von welchen Ahnen rühmt sich deine gebogene Nase geadelt zu seyn? An was für Kammerjungferlippen hat sich dein blasser Mund so zirkelförmig geküßt? Wem hast du dein wohlriechendes Kreisel, wem die gestickte Weste, den — — Wohin fliehst du, niedliches Bild? wohin? — halt! — Dahin ist's. Hochansehnliche Leser! wenn Sie irgendwo die flüchtige Idee antreffen, so überlasse

laſſe ich ihnen hiemit förmlich das Recht auf ſie, als mein Eigenthum, (ich mag dieſes durch eigne Abſtraktion, oder durch Erbſchaft, wie geſagt, vom Adam erworben haben) ſie ernſtlich anhalten zu dürfen, auf alle und jede Fragen zu antworten, die ich ihr ſo hintereinander geſtellt habe.

## Drittes Kapitel.

Ich zweifle nicht, daß meine Leſer aus dem vorhergehenden Kapitel zur Genüge werden erſehen haben, wie philoſophiſch mein Kopf ſeyn müſſe, und was Sie noch ferner in dieſer merkwürdigen Reiſebeſchreibung für ſpekulative Bemerkungen, tiefſinnige Erklärungen, ſeltſame Bilder werden zu leſen, zu durchſuchen, zu begucken haben. Nichtsdeſtoweniger finde ich für rathſam, ſchon in dieſem Kapitel anzumerken, daß ich für Niemand weniger ſchreibe, als für die Warumherren.

Mein Grundſatz iſt: mache dir dein Leben ſo bequem, als es möglich iſt. Gemeiniglich

lich werden die Vieldenker mürrische Köpfe; und wozu? Wie viel gewinnt die Welt bey ihrem Verluste? Kant, den Niemand versteht, philosophirt uns nicht glücklich. Ich hasche, was nahe ist. Fliegt mir ohngefähr ein Darum die Nase vorbey, so will ich's gern auffangen, und meinen Lesern von Appetit zu geniessen geben. Können Sie's nicht verdauen, so mögen sie gleichwohl zusehen, ob sie nicht etwan in der Reisebeschreibung von Nikolai ein Digestiv für ihren Magen finden. Es ist keine Spur von Warum's in dieser Schrift anzutreffen, und daher muß wohl so was darin enthalten seyn, das sie alle zusammen digerirt hat.

Frater Felizian hat mich mit einer ansehnlichen Zahl wichtiger Auftritte, und Vorfälle versehen, die ich ihnen getreulich, und nach meinem besten Vermögen darstellen werde, ohne irgendwo einen Zusaz zu machen. Mich soll weder dichterischer Enthusiasmus verleiten, den Untersberg, oder sonst eine Gegend zum Paradiese umzuschaffen: noch Abentheuerliebe antreiben, den berühmten Bart des alten Kaiser Karl auch nur um eine Linie länger zu beschreiben, oder anzugeben, als er ist. Was könnte ich auch dabey für Absichten haben? gewiß eben so ungegründete, als jene Reisebeschreiber, die uns Sina als ein so volkreiches, gesegnetes, und polizirtes Land anpriesen, und seine Einwohner als Menschenkinder vom hellsten Verstande rühmten; Da wir doch — zwar erst nachhin — erfahren haben, daß dieses Paradies von Asien gröstentheils wüste, und unangebaut sey: so wie der Verstand der Sineser sich nicht weiter, als auf einige Problemen in der Astronomie erstrecke. Es würde mir sehr übel bekommen, wenn es irgend einem einfiel, den Bart quaestionis selbst zu besichtigen: der mich sodenn einer falschen Angabe bezüchtigen könnte. Genug also; ich werde nichts hinzusetzen, was nicht im Manuscripte des Frater Felizian steht, oder ich von ihm mündlich vernommen habe.

## Viertes Kapitel.

Nach vier Wochen trat Frater Felizian bey der Thür herein, und lächelte, wie ein Hofjunker. Diesen Augenblick schien es mir, als ob die Idee, welche am beschriebenen Morgen vor meinen Augen schwebte, sich wieder darstellen wollte; allein quantum mutatus ab illo Hectore, qui redit exuvias indutus Achillis! zu deutsch — Denn Ihro Gnaden lesen ihren Virgil beym Blumauer —: wie sehr zerfezt, zerrissen, und zerhaut von jenen, welchen ich sie anvertraut!

Ich werde es nie vergessen, wie schmerzlich mir der Anblick dieser so sehr mishandelten Idee war. Wer sollte gedacht haben, daß man diesem lieben geschmeidigen Dinge so übel begegnen würde! Nein — ich will ihnen keine mehr preisgeben, und sollte es die Idee eines Reichsprälaten seyn. Da glaubte jeder seinen eingebildeten Hofjunker zu sehen, riß ihn bey der Frisur, bey der Nase, beim Kreisel, bey der Weste, oder beym niedlichen Füßchen zu sich, und schickte ihn, als er sich betrogen fand, wieder weiter. Mein Hofjunker war nichts mehr, nichts weniger, als eine Idee. Für das sollten sie auch meine Leser gehalten haben. Hätten Sie, Hochansehnliche, diesen Unfug nicht getrieben, so wäre es möglich gewesen, daß irgend ein Hofjunker sich in meiner Idee, wie in einem Raritätenkasten vorgestellt gesehen hätte; da ihm den eine unbekannte Stimme würde zugerufen haben: mutato nomine de te fabula narratur. Er hätte mich lächelnd gesegnet, und mit einem bon mot beehret. Allein izt wird er sich nicht mehr darin finden. Depuderirt, betastet von bürgerlichen Händen, beschmuzt von seinen Nebenbuhlern, den Zukerbäckern, und Konfektmeistern, gezupft, und belacht, und bewizelt von jedem, dem er vorkam — — nein, nein! er kennt sich nicht mehr. Was rathest du mir, Meister Akulius, der du aus drey Ellen französischen Tuches so manchen Herrn von zugeschnitten hast — was rathest du mir aus meinem Hofjunker zu machen? — Auch du schweigst? — Soll aus seinen losgerissenen

Bestand=

Bestandtheilen nichts — gar nichts entstehen können?

## Fünftes Kapitel.

Nach vier Wochen trat Frater Felizian bey der Thür herein, und lächelte — fort — fort, verwünschte Idee, die du mich, wie Zäsars Geist den Brutus — quälest! ich bin dein Mörder nicht — Willkommen, Frater Felizian! sprach ich, willkommen von der merkwürdigen Reise. „Weil sie erlaubt haben, lieber Herr! bin ich so kühn, und ersuche —„ Nun bravo! Frater Felizian! wie gieng's auf der Reise? was macht der Kaiser Karl? „Werden sehen aus meiner Brieftasche, wie's gegangen hat. 'Swar eine Reise! Doch nun ist sie überstanden, Gott und dem heiligen Vater Antonius sey's gedankt! sie ist überstanden.„ Bey diesen Worten machte der tarfere und grosherzige Felizian eine Miene, wie allenfalls die eines Gerichtschreibers ist, der eben eine Kameralrechnung addirt, und revidirt hat. Euer Hochwürden belieben sich nicht

zu

zu ärgern über meine Vergleichungen; denn wenn sie selbe nicht nützen können als ein Licht über den finstern Eremiten, so steht es in ihrem Willen, sie alle samt aus dem Buche zu reissen, und zu verbrennen, oder wohl gar Lukaszetteln daraus zu verfertigen, oder Amulete damit zu füllen. Sie sind nothwendige Evolutionen meines Witzes, und es würde mir sehr übel bekommen, wenn ich sie alle bey mir behalten sollte. Man hat Beyspiele, daß mancher armer Wicht von zurückbehaltenem Witze dermaßen ist gequälet worden, daß er zerborsten ist, wie der Frosch in der Fabel. Dafür wird mich St. Augustin behüten! Indem ich nun so mit Ihro Hochwürden mich unterrede, ist mein leibseliger Eremit zur Thür hinausgeschlichen, ohne daß ich wissen kann, wo er eigentlich hingewackelt sey. Was mich betrift, liegt mir eben nicht viel daran: da er mir seine Brieftasche zurückgelassen hat; allein ob auch meine Leser werden zufrieden seyn, daß ich ihn so ohne allem Dialog fortlaufen ließ, mögen die Rezensenten errathen. Genug! die Brieftasche liegt auf dem Tische, und ich

bin

bin beynahe eben so neugierig auf ihren Inhalt, als meine Leser auf das folgende Kapitel.

## Sechtes Kapitel.

Sie erlauben, hochansehnliche Leser, und Leserinnen! Sie erlauben mir, bevor ich die Brieftasche eröfne, noch eine Bemerkung zu machen, die mir eben beyfällt. Die Neugierde, wie sie wissen, ist eine allgemeine Menschenplage. Das ärgste davon ist, daß man gröstentheils betrogen wird. Unserm Adam gieng es so, und dem alten Herden mit der Pandorabüchse nicht besser. Hätte jener den Apfel nicht gekostet, und dieser die mit Brillanten, und Jupiters Portrait besezte Dose nicht eröfnet: so würde 1786 keine so übernatürliche Ueberschwemmung gewesen seyn, die Klöster in Oesterreich würden stehen, die Votivtafeln, Bruderschaftkutten, Maybüsche und andere seligmachende Geschenke des Himmels würden unverlezt, und unabgewürdigt geblieben seyn. Die Neugierde hat diesen Jammer über uns gebracht. Wie glücklich wäre

jener

jener junge Herr gewesen, wenn er sich hübsch fern von seinem Fräulein gehalten hätte! allein er wollte sie näher kennen, und nun klebt der Anstrich auf seinen Lippen. Auf solche Art, wie sie sehen, könnt' es uns auch mit der Brieftasche gehen. Ich bin am schlimsten daran; denn meine Pflicht ist es, sie erst zu untersuchen, und das leswürdige daraus für sie zu holen. Daher versichere ich mich selbst, daß Sie mich nicht verdenken, wenn ich vor der Eröfnung noch eine Prise Tabak nehme, wie es der Kapuzinerlektor that, als er einem jungen Philosophen das Daseyn Gottes zu beweisen versprach, ohne das Daseyn zufälliger Dinge vorauszusetzen. Dieser grosse Denker — Ich will nur die ganze Szene selbst hersetzen. Dadurch gewinne ich für's erste Zeit, mich zur Eröfnung der Brieftasche vorzubereiten, und für's zweyte werden meine Leser mit einem Paar Männer bekannt gemacht, die ich leibhaft zu kennen die Ehre habe, und die unserm Jahrhunderte gewiß Ehre machen. Ich selbst spiele meine Rolle bey diesem Auftritte, obschon sie eben so wenig nothwendig ist, als

Se.

Se. Erzellenz der Herr Präsident bey der Regierung. Jedes Schauspiel muß seine Zuseher haben: und die sind in diesem Falle die Jungfer Köchin des Herrn Pfarrers, und der Kantor.

## Siebentes Kapitel.

Pfarrer, P. Lektor, der junge Philosoph, Ich.

### Der Philosoph.

Ich bin begierig ihren Beweiß zu hören, P. Lektor!

### P. Lektor.

Er ist ganz einfach — leicht zu begreifen — haben sie denn auf der Akademie gar nichts davon gehört?

### Philosoph.

Ich erinnere mich wohl, gelesen zu haben, daß einige glauben: es müsse ein Gott seyn, weil einer möglich ist; allein mir scheint dieser Beweisgrund nicht auszulangen. Mir schwindelt's dabey.

P. Lek-

### P. Lektor.

Langt wohl auch aus; allein der meinige ist ganz einleuchtend — faßlich — natürlich — ganz ein anderer.

### Pfarrer.

Also auf gutes Wohlseyn allerseits ein Gläschen Wein zuvor! 'S freut mich, nach vier und dreyßig Jahren wieder einmal eine Disputation zu hören.

### P. Lektor.

Vier und dreyßig Jahr! — Gutes Wohlseyn Herr Pfarrer! (die Fakultät trinkt.)

### Pfarrer.

Ja, vier und dreyßig volle Jahre! Bey meinen Zeiten hat man das Daseyn Gottes aus der Bibel bewiesen.

### Ich.

War auch viel richtiger bewiesen, Herr Pfarrer!

### Pfarrer.

Nicht wahr? — Nun! wollen doch den neuen Beweis hören, ob er so kräftig ist, wie der alte.

### P. Lektor.

##### P. Lektor.

Izt, da die Freygeisterey allgemein, la fast allgemein geworden ist; indem sich jeder Friseur zu gut, und zu klug dünkt, als daß er, wie das gemeine Bauernvolk, an Wahlfahrten und Mirakel glauben sollte, izt gilt der alte Beweis, Herr Pfarrer! izt gilt er nichts mehr.

##### Der Philosoph.
Wenn ich bitten darf, P. Lektor! —

##### P. Lektor.
Wohl wahr! wir sind abgekommen von unserm Beweise. Sogleich! — Beliebt ihnen Taback?

*( Wir alle nehmen und danken. )*
Es ist ein Gott. Wäre kein Gott, so könnte keine Welt seyn —

##### Philosoph.
Nicht so — das ist wider das Versprechen.

##### Pfarrer.
Recht so! fein hübsch negirt!

##### P. Lektor.
Nur Geduld! 'S wird schon kommen. Was hatt' ich gesagt?

B  Pfarrer.

#### Pfarrer.

'S ist schon wegnegirt, P. Lektor! was frisches drauf!

#### P. Lektor.

Gut! Es ist ein Gott.

#### Pfarrer.

Dieser Meynung bin ich auch.

#### Ich.

Ich auch, Herr Pfarrer! sonst könnten die Beyden nicht über ihn disputiren.

#### P. Lektor.

Behüt' uns Gott! dieser Herr ist ein Belletrist. Schade für sie! tausendmal Schade.

#### Ich.

Wie so?

#### Der Philosoph.

P. Lektor! Sie bleiben mir den Beweis auf ein andermal schuldig. Izt will ich ihnen hingegen beweisen, daß kein Gott ist.

#### Pfarrer.

Was? kein Gott? beweisen? Wollen sie mich zum Lutheraner machen?

Was P. Lektor dachte, weiß ich nicht. Der junge Philosoph sah mich starr an, und ich

ich obstupui, steteruntque comae, et vox
faucibus haesit. Die Köchin und der Kantor hatten auch die Miene der Verwunderung;
allein, wie mir schien, aus einer ganz verschiedenen Ursache. Sie staunten nämlich, daß
ein junger Philosoph so viel Muth hatte, den
eisgrauen Pfarrer in Versuchung zu führen.
Die Disputation hatte ein Ende; statt der
Trompeten klingelten die Gläser.

## Achtes Kapitel.

Der gelehrte P. Lektor blieb also den Beweis schuldig, ob er schon seine Prise mit so
viel Anstand und Ernste genohmen hatte, daß
die Köchin und der Kantor nichts anders erwarteten, als ein Produkt der tiefesten Spizfindigkeit, und namenlosen Gelehrsamkeit. Ich
habe bereits auch meine Prise genommen; und
nun ist's endlich Zeit, die Brieftasche zu eröfnen.
Wenn ich die Meynungen meiner Leser voraus
wüßte, so könnte ich sie in Rücksicht der Ordnung, nach welcher ich die vorkommenden Fälle
erzählen werde, vollkommen befriedigen. Allein

lein das ist für die Autoren eine absolute Unmöglichkeit. Ueberdies würde ich vielleicht den Rezensenten doch nicht genugthun, als welche nicht immer die nämliche Meynung mit den übrigen Lesern haben können, theils, weil es wider ihre Würde lief, theils auch, weil sich nicht alle Ordnungen so hübsch bauschen lassen, daß sie bequem in ihre Blätter gebracht werden können. Der leztere Fall wird wohl der meinige seyn. Alles liegt in der Unordnung! kein System — nicht der mindeste Zusammenhang — was soll ich thun, um's den Rezensenten nur ein wenig bequemer zu machen?

Es sieht ja hier aus, wie in einem Geniekopf! Du, melior natura! die du aus dem schwarzen, unförmlichen, Gewicht- und Lichtlosen Chaos so schöne, artige, sinesische Füschen, so liebliche Mäulchen, et cetera hervorzubringen im Stande war'st, dich rufe ich an um deinen Beystand. Sage mir — doch lehre mich vorher deine Sprache verstehen — sage mir hernach, ob es am schicklichsten sey, mit den Worten des Frater Felizians, oder mit meinen

nen eigenen zu erzählen, zu raisonniren, zu schildern? Ich würde dir nicht beschwerlich seyn, wenn ich mich darüber mit meinen Lesern unterreden könnte; allein dazu ist es nicht mehr Zeit, denn der Verleger dringt so sehr auf schleunige Vollendung, daß ich Gefahr laufe, sogar hie und da etwas zu versehen, was vorzüglich hätte angemerket werden sollen, und Frater Felizian vielleicht wirklich angemerkt hat. Wie sagst du? — ja so — wie sie in der Brieftasche gelegen haben, will ich sie vortragen, die Vorfälle der merkwürdigen Reise des Frater Felizians. Allein reden will ich selbst. Ich finde dabey so viel Vergnügen, daß ich dem Eremiten unmöglich dieses Glück vergönnen könnte.

## Neuntes Kapitel.

Frater Felizian gieng, nachdem er sich von mir getrennet hatte, über die Brücke eines Feldbaches, neben welcher ein heiliger Johann von Nepomuck steht, wie er sonst gewöhnlich auf der Brücke selbst zu sehen ist. Um Euer Gnaden

Gnaden die Regungen der Andacht in Felizians Herzen beym Anblick dieses Heiligen begreiflicher zu machen, scheint es mir sehr vortheilhaft zu seyn, daß ihn der beobachtende Reisende mit mehreren Umständen beschrieben hat. Auf seinem gesenkten Haupte schimmert ein Kranz, der mit böhmischen Steinen besetzt ist; in der Rechten hält er ein Kruzifixbild, das er mit der liebvollsten Miene betrachtet: und um die Schultern hängt der bekannte Domherrnpelz. Seine Locken sind nicht gerollt, weder izt noch jemals, wie es scheint, gepudert gewesen; allein er trug auch nur seine einzigen Locken, weil seine Ahnen die ihrigen mit in das Grab nahmen. Ob Frater Felizian durch die liebvolle Miene des Heiligen, oder durch die böhmischen Steine, durch die ungepuderten Locken, oder wohl gar durch den Domherrnpelz zur Andacht entzündet worden ist, steht ausdrücklich im Manuskripte nicht angemerkt. Daß er aber durch den Anblick dieses Bildes in eine ganz ungewöhnliche, himmlische Lage versetzt wurde, bezeugt die Anrede, die er an den Heiligen gehalten hat. „Grosser Schweizer! — so sprach er er — heiliger Johann von Nepomuck! wie war es dir möglich, die Drohungen des unbändigen Königs zu verachten, und selbst dem Tode mit heiterem Lächeln entgegen zu sehen? Sag mir, unter uns, ob du gegen die Königin so mitleidig gesinnet war'st, oder ob dich eine höhere Kraft in deiner Standhaftigkeit erhielt? Doch wollte man dich so lange nicht heiligsprechen, da man sonst mit einem Italiänischen, oder Spanischen Kapuziner so geschwinde fertig wird.

Ich bekenne dir aufrichtig, heiliger Nepomuck! ich muß es gestehen, daß ich oft meine Kutte wieder hinlegen, und Soldat, oder sonst etwas werden wollte, bloß deswegen, weil ich als ein deutscher Ordensmann ohnehin keine Aussicht habe, jemals ein Plätzchen in irgend einer Kirche zu bekommen. Vergieb mir mein bischen Eitelkeit, weil sie lauter Liebe Gottes zur Quelle hat! — Behüte dich Gott, heiliger Johann! und du behüte mich auf meiner gefährlichen Reise." So sprach er, und gieng weiter, nicht etwa den geraden Weg nach dem Untersberg, sondern links und rechts

rechts, je nachdem er Gegenstände vor sich sah, die ihm merkwürdig schienen. Unter diesen war eine breite Flur mit Eichen besetzt, unter denen er sich die schattigste zum Ruheplatz wählte.

## Zehentes Kapitel.

Er wählte sich den Schatten einer Eiche zum Ruheplatz, und schlief ein. Guten Schlaf, Frater Felizian! und erbauliche Träume wünsche ich dir! Nicht einen von jener Klasse, von welcher sie St. Franzens fette Seraphinen umflattern, wie der Vater der Gratien sagt: noch von jener, aus welcher die Träume Theresiens waren. Was nützten dir diese? Durch die erstern würde dir das Erwachen zur Last; und wer weiß, ob du noch im Stande wärest, die Abentheuer zu bestehen, auf welche du losgehst; und durch die leztern könntest du freylich den himmlischen Bräutigam sehen: allein du bist ia keine Braut. Einen erbaulichen, süßen Traum wünsche ich dir. Dir soll sich ein Goldberg öfnen, und ein dienstfertiger

fertiger Geist soll dir entgegen eilen, und alle
die Schäze anbiethen, nach welchen deine Seele hungert. Er soll dir die Karlsburg im Untersberg ganz eigen überlassen, und Huld und
Gehorsam augeloben im Namen aller Erde-
und Berggeister, die sich entweder in dieser
Burg, oder in der Nachbarschaft einlogirt haben. Ich will indessen mit unsern Lesern sprechen, und ihnen deine Geburt, Fähigkeiten,
Konversionsgeschichte und dergleichen Dinge
erzählen, die ich zur Beleuchtung deines allerliebsten Karakters für nothwendig halte.

Frater Felizian, der Sohn eines Landge-
richtschreibers, war gebohren in Bayern zu
Sch. 1739. Sein Vater war ein vermögli-
cher Mann, nicht durch Erbschaft, sondern
durch genaue Kenntniß seines Amtes geworden.
Die Regierung kam einstens von ohngefähr
auf den Gedanken, es wäre möglich, daß der
Herr Landgerichtschreiber bisweilen seine Kasse
mit der des gnädigsten Landesherrn verwechsle;
Sie wollte ihn untersuchen lassen; allein die
Untersuchungskommißion fand keinen Kassede-

fekt — entweder weil sie durch die Brille, die sie zu diesem Geschäfte vom Herrn Gerichtschreiber borgte, nicht zu sehen gewohnt war: oder aber weil die Unterthanen behaupteten, der Reichthum ihres Gerichtschreibers sey bey weitem nicht so groß, als er seyn könnte, wenn seine Wohledelgestreng mit den ausserordentlichen Taxen, als welche sie Sr. Durchleucht nach der festgesetzten Taxordnung zu verrechnen nicht verpflichten wären, besser gewirthschaftet hätten. Meine Sache ist es nicht, Euer Erzellenz begreiflich zu machen, wie der Vater meines ehrlichen Eremiten 50000 fl. erwerben könnte, ohne sich irgend in einer Amtsrechnung verstoßen zu haben. Wer so etwas unternehmen wollte, müßte Praxis haben. Gut! Frater Felizian, der einzige Sohn eines reichen Vaters, hätte von den Verdiensten seines Vaters bequem leben können, ohne sich um ein Amt bewerben zu müssen: wie es ein anderer gleichwohl thun muß, der nicht das Glück hat, der Sohn eines so gut praktizirten Gerichtschreibers zu seyn. Aber er wollte keiner von den jenigen seyn, die dem Staate genug zu thun glauben, wenn sie

von

von ihrem ererbten Vermögen essen und trinken, reiten und fahren, und dergleichen adeliche Geschäfte treiben. — Zwar habe ich aus meinen vielen Unterredungen mit diesem merkwürdigen Eremiten niemals merken können, daß er diese Lebensart für niederträchtig hielt: sondern er war vielmehr von seinem Temperamente als durch Grundsätze zum thätigen Leben bestimmt; allein was thut dies?

Ich bin überzeugt, daß Köpfe — trotz den Einwendungen der jenigen, die das medium tenuere beati auch bey den Natursgaben anwenden — daß Köpfe von besonderer Art dem gemeinen Wesen viel zuträglicher müssen werden können, da sie die Natur selbst dazu bestimmt zu haben scheint, als die beati medium tenendo. Genug! Frater Felizian war ein feuriger Kopf; er studirte zu Ing. mit vielem Lobe: brachte einen grossen Theil seines Vermögens durch; denn seine herzlich gute Mutter konnte dem lieben Kinde nichts mangeln lassen: kam zurück in die Kanzley seines Vaters: konnte den Schlendrian nicht verdauen: erwarb sich dadurch die Misgunst des
wohl-

wohlpraktizirten Papa: zerfiel mit ihm: ward Soldat: desertirte wieder, und, nachdem ihn das Schicksal auf allen seinen Wegen zu verfolgen schien, sonderte sich von der Welt ab, um in seiner einsamen Zelle ohnweit H. in Bayern — Gold zu machen, das ihm izt mangelte, weil das väterliche Erb theils durch seine Studien, theils durch Brillen für die Regierung zu Grunde gegangen war.

## Eilftes Kapitel.

Frater Felizian schläft noch, und mithin habe ich Zeit genug für mich, seine kurzgefaßte Lebensgeschichte auch in diesem Kapitel zu verfolgen. Er machte Gold, und suchte den Stein der Weisen. Allein er erzwang durch allen seinen Fleiß nichts, und, ob er schon die Cabala Salomonis, die Werke des Albertus magnus, und dergleichen grosser Männer, die in den vorigen Zeiten die Welt Gottes beleuchtet haben, durchaus verstand, so hatte er doch nach eigenem Bekenntniß niemals das Glück gehabt, den ächten Schlüßel dazu zu finden.

Auf diesen, sprach er öfter zu mir, bezieht sich alles; dieser gefunden, und das Herzogthum Bayern ist mein. Suche, Frater Felizian, suche! das Herzogthum Bayern ist so ein niedlicher Bissen, daß es eine wahre Lust ist, es gesucht zu haben, auch ohne Hofnung, selbes jemals zu finden. Fünf ganze Jahre brachte er in solchen Betrachtungen zu, bis er endlich auf den Gedanken verfiel, den Untersberg nächst Salzburg, als die berühmte Wohnung des verwünschten Kaiser Karls zu besuchen. Ohne Zweifel war dieses der kürzeste Weg zu den Geheimnissen der Natur. Er konnte gegründete Hofnung haben, vom Kaiser wohl aufgenommen zu werden: da er selbst, wie bekannt, zuletzt ein Eremit geworden ist. Ueberdies war Karl der fünfte in seinem Leben ein überaus leutseliger Herr, der jedermann vor sich zu lassen pflegte, wessen Standes er immer seyn mochte, wenn man sich nur nicht vergaß, Franz den ersten von Frankreich in seiner Gegenwart groß zu nennen. Wirklich war Karl fünfmal größer als Franz: wenn es wahr ist, was ich, weiß nicht wo, von ihm gelesen habe.

Ein

Ein Minister soll dem Kaiser über Tisch erzählet haben, daß sich König Franz geäussert hätte, er würde nun Karl nimmermehr glauben, weil er ihn einmal betrogen hätte; hierauf habe der Kaiser gesagt: was sagte der Schuft? einmal? — wohl fünfmal habe ich ihn betrogen. Dieser grosse Regentenzug mag meinen Lesern für izt genug seyn, den zweyten Helden meiner Geschichte kennen zu lernen. Die übrige Zeichnung erhalten sie in der Folge, wenn Frater Felizian mit ihm sprechen, und handeln wird. Der starkgebaute, vollblütige, rüstige Eremit entschloß sich also geradenwegs zum Kaiser Karl zu reisen, und, wo möglich, ihm aus der Verzauberung zu helfen, durch welches Verdienst er sich, alle Schätze des Untersbergs zu erwerben, gründlich schmeicheln konnte.

Aber es ist Zeit, mich wieder zum schlafenden Felizian unter der Eiche zu wenden; denn ich fürchte nicht ohne Grund, er möchte nun bald ausgeschlaffen haben, in welchem Falle ich mich, nach aller Rezensenten Meynung, verschwätzt hatte.

hätte. Doch nein — er lächelt im Traume. O, das muß ein artiger Traum seyn!

## Zwölftes Kapitel.

Wirklich hat Frater Felizian geträumt, und da ich nicht zweifle, daß Euer Gnaden, und Hochwürden, Erzellenz, und Eminenz an Träumen manchmal so viel Vergnügen finden, als an der Wahrheit — wie's denn auf einen wackern Christmenschen sich ziemt — so nehme ich mir die Freyheit, im folgenden Kapitel den Traum meines Helden zu erzählen, nachdem ich vorher etwas weniges über die Träume überhaupts werde geredet haben. Ich folge diesfalls dem Muster der Philosophienschreiber, die, nicht in einem Kapitel, sondern in etwelchen Bögen voraus erklären, was die Philosophie sey, und wie weit sie sich erstrecke, und was sie für Nutzen stiften könne, wenn man sie gehörig an das Joch des Glaubens schmiedet. Euer Magnifizenz erwarten von mir keine philosophische Erklärung des Träumens, und Wachens, über welchen Gegenstand sich schon die grösten

Geister

Geister ausgedehnet haben; noch einen Beweis des zureichenden Grundes, wie ihn Wolf aus dem Unterschiede zwischen Traum und Wahrheit genommen hat, und die Luftspringer alle, die, weil sie ihm nicht nachspringen konnten, seine kühnen Sprünge gelästert haben. Ich werde nur mit möglichster Bescheidenheit zeigen, daß wir Menschen unsere Glückseligkeit in Träumen suchen sollen, als welche mit unserm Wesen so enge verknüpft sind, daß sich die Wahrheit nur gar selten dazwischen legen kann. Wie glücklich wäre der Lydier König gewesen, wenn ihn Cyrus nicht aus dem Traume geweckt hätte? Se. Exzellenz fahren mit Vieren durch die Gassen der Stadt, und sorgen fleißig dafür, daß ja Niemand das goldene Vlies übersehe, welches auf ihrer gestickten Brust schimmert; Sie sind glücklich in dem Traume, daß Sie jedermann für die Stütze des Vaterlandes, für den Stolz der Nation halte; allein wenn jemand so unverschämt seyn sollte, Se. Exzellenz zu wecken, und ihr den Spiegel vor die Augen zu halten — wie unglücklich würde Sie der Anblick der Wahrheit machen?

Euer

Euer Hochedelgeborn werden von selbst wissen, daß diese Art Spiegel nicht in Böhmen fabrizirt werden. Wieland hat einen goldenen gemacht, der bis auf diese Stunde noch nicht zerbrochen ist. Du unvergleichlicher Spiegelfabrikant! sage mir, wenn es deinem Interesse nicht zuwider ist, warum und wie du deinen Spiegel von Gold gemacht hast: da doch die übrigen alle von zerbrechlichem Glase sind? wie hast du das Gold zubereitet, daß man sich darin sehen kann? wie hast du demselben jenen schädlichen Glanz benommen, vor dem wir Menschenkinder gewöhnlich blind werden? Oder ist dein Spiegel nicht wirklich Gold? nenntest du ihn nur deswegen so, weil sich bloß Regenten, und Sultane in demselben erblicken? — Ich habe mich zu weit von meinem Zweck entfernt, da ich vom Traume zum Spiegel übergieng; und doch würde ich noch nicht zurückkehren, wenn nicht das Kapitel bereits seine vollständige Länge erreicht hätte. Ich füge also nichts weiter hinzu, als daß es mir sehr wehe thut, wenn ich sehe, daß man in dieser aufgeklärten Welt aus purer Men-

C schen-

schenliebe die Leute aus ihrem Traume weckt; da es doch sowohl für sie selbst, als für manchen Sultan viel vortheilhafter wäre, wenn man sie ihren süssen Traum schlafen ließ.

## Dreyzehentes Kapitel.

Frater Felizian träumte einen herrlichen Traum. Er befand sich in einem mit sinesischen Tapeten gezierten Saale, an dessen Ende der Thüre gegenüber, ein auf vier Stufen erhöhter Thron stand, der mit rothen, und reich mit Gold durchwirkten Sammt behangen war. Kurz! Pracht und Ueberfluß herrschte überall; aber Geschmack nirgends. Die leztere Bemerkung findet sich im Manuskripte nicht, und ist mit ihrer Erlaubniß von mir beygefügt worden. Ich weiß wohl, daß Euer Hochgeborne Erzellenz dergleichen Bemerkungen für abgenützte, schöngeisterische Grillen halten; allein ich fand es nichtsdestoweniger nothwendig, sie zu machen: weil meine Leser durch den Glanz der Majestät leicht dahin geführet werden könnten, wohin ich sie eben durch

meine

meine Beschreibung nicht führen wollte. Geschmack war im fürstlichen Saale nicht so viel, als Gründlichkeit in den Schriften des französischen Schöngeistes ist, den Faustin zum größten Philosophen erschaffen hat.

Ein Schwarm von Höflingen mit Kreuz und Sternen behangen umgab den Thron, worauf der König saß mit einer langen Nase. Wer über diesen Punkt mehr belehret werden will, der lese Tristram Schandy's Kapiteln von den langen Nasen nach. Mir gestattet die Zeit nicht, länger dabey zu verweilen: weil Felizian schon vor dem Throne kniet, und Sr. Majestät den Leibzins von seinem mit vieler Gefahr erfundenen Schatze überreicht. Se. Majestät lächeln ihm Huld herab, und geruhen allergnädigst, ihn in den Grafenstand zu erheben. Er wird vom ganzen Hofe mit Blicken der zärtlichsten Freundschaft bekomplimentirt, und aus dem Saale begleitet. Sogleich wirft er die Kutte weg, ohne sich an St. Nepomuck zu erinnern, und zieht den goldenen Grafen an. Er kauft sich Paläste, und Landhäuser:

nimmt

nimmt Aktien von allen Handelsstädten, und ist schon im Begriffe, das Herzogthum Bayern zu kaufen, als ihn ein plötzlicher Donnerschlag aus dem Traume weckt. Oft versuchte er's, auch unter dem fürchterlichsten Gewitter einzuschlafen, und den süßen Traum weiter zu träumen; allein es war unmöglich. Unwillig erhob er sich von seinem Lager, grif nach seinem Stabe, und Korb, und gieng seinen Weg weiter, ganz überzeugt, daß er im Untesberg wirklich finden würde, was er im Traume gesehen hatte. Das Gewitter brauste, krachte, und zerstörte rings um ihn herum; er aber selbst war ruhig, und fürchtete nichts. Wir können ihn also ohne Anstand wandeln lassen, und indessen versuchen, ob wir nichts in seinem Traume entziffern können.

## Vierzehntes Kapitel.

Der ganze Traum ist, wie mir scheint, natürlich. Mit vieler Gefahr errungene, oder gefundene Reichthümer verdienen allerdings das Huldlächeln der Könige; es mag diese Gefahr

Kapitalien, oder Leben, oder wohl auch den
ehrlichen Namen betreffen. Felizian hatte keine Kapitalien zu verlieren, und war kein Wex-
ler, der sich — obschon mit Gefahr seines
ehrlichen Namens — in einem einzigen Kriege,
durch Geschicklichkeit und Kredit mit 100000
fl. etwelche Millionen erwirbt. Für ihn bleibt
also nur die Gefahr des Lebens. Wie kann
sein Leben anders in Gefahr kommen, als durch
die kühne Reise nach der Karlsburg? Das haben wir fertig. Der Hof empfieng ihn mit
den zärtlichsten Freundschaftsblicken. Auch
über diesen Empfang wundert sich keine deutsche
Seele. Sollte die liebreiche Miene des Monarchen nicht im Stande seyn, die Augen,
und manchmal auch die Herzen des Hofes zu
magnetisiren? Und verdient ein reicher Mann
— ohne Rücksicht auf die Art, mit welcher er
den Reichthum erworben hat — nicht für sich
schon die Achtung und Freundschaft der Erzel-
lenzen? — Glücklicher Felizian! du hast den
wahren Punkt getroffen; dein ist das Herz des
Staates. Hättest du in langen Winternächten
hundert Centen Oel verbraucht, um dem Wohl

C 3      der

der Menschheit nachzuspähen, oder die Herzen
der Menschen für das wahre Glück empfänglich
zu machen; hätteſt du mit unermüdetem Fleiße,
und unerſchüttertem Muthe durch die Nacht
der Vorurtheile zu brechen geſucht, und dich
dem Haſſe des muthwilligen Pöbels ausgeſetzt;
man würde dich höchſtens einen aufgeklärten
Kopf nennen, und in Gnaden hungern laſſen.
Gold bringt Ehre und Verdienſt. Woher kä=
me ſonſt der Vorzug des Kaufmanns vor dem
armſeligen Bauern? Alſo noch einmal, du
haſt einen herrlichen Traum geträumt. Auch
diesfalls haſt du ſehr wohl gethan, daß du dir
Paläſte und Landhäuſer angekauft, und Aktien
genommen haſt. Hiedurch haſt du deine Ehre,
und deinen Adel auf ewig befeſtiget; wenn
du noch überdies deine Güter zu Fideikommiß
machen läßt, ſo iſt auch für zufällige Verſchul=
dung geſorgt. Dein Geſchlecht wird bis an
den berühmten Tag der allgemeinen Zerſtörung
dauern. Allein das Herzogthum Bayern ließ
dir der Donnerſchlag nicht kaufen. Sey nicht
beſtürzt hierüber, und hoffe. Hoffnung, wie
du weißt, iſt das Labſal der Menſchen. We=

der

der meine Leser, noch ich verdenken dich, daß du so gern wieder eingeschlummert hättest, um, wo möglich, den schönen Traum fortzusetzen. Vielleicht wärest du so glücklich gewesen, diesen vertreflichen Apfel des Zankes zu erhaschen. Indeß ich deinen Traum zergliedert habe, bist du ziemlich weit vorgeschritten. Ich folge dir.

## Fünfzehntes Kapitel.

Den Stab in der rechten, den Korb in der linken Hand wandelte Frater Felizian mitten durch den schönsten Eichenhayn hin. Er sah mit Vergnügen des Herzens den frohen Landmann Holz fällen, und dankte der Vorsicht, daß sie ihn nicht zu ähnlichen Freuden bestimmt hat. Es würde mir zu schwer werden, wenn ich alle die Ergießungen des Herzens beschreiben wollte, denen sich mein merkwürdiger Reisende überließ, da er so ganz allein im Schatten der Eichen wandelte. Er erinnerte sich an sein akademisches Leben: und dieses bot ihm Stoff zu den reizendsten Betrachtungen dar. Der Abendstern, der so schön in Westen funkelte, da die Glückssonne des jungen Werthers die lezten Stralen mildthätig zurückwarf: Der holde Mond, der so freundlich durch die dichten Aeste auf die Liebenden blickt: das Vergißmeinnicht am grünen Ufer des melancholischen Feldbaches: die schmelzenden Seufzer der liebetrunknen Nachtigall, und ein Mädchen am Arm, mit blauen schmachtenden Augen, sanfter duldender Miene, voll des edelsten Gefühles, das Klopstoks Künftiggeliebte versteht, sind die Materialien, wovon er die Idee zusammengesetzt hat, die sich bis an den Fuß des Untersberg in seiner Seele erhielt. Es ist kein Zweifel, daß dergleichen Ideen beständiger sind, als meine Idee vom Hofjunker war; denn das Herz steht an der Pforte der Seele zur Wache, daß sie nicht so leicht entwischen können. Freylich — ich muß es gestehen — hat es nothwendig das Herz des Eremiten befremdet, daß sich seine Seele an dergleichen Auftritte des Narrenalters erinnerte; allein die Befremdung dauerte nicht lange, und das gefällige Ding bequemte sich bald, seinen vorigen Wachedienst mit allem Eifer zu verrichten.

Sein

Sein Diensteifer erstreckte sich so weit, daß es
bey der Vorlesung des Dichters sogar die nö-
thigen Seufzer hervorbrechen ließ. Gnädiges
Fräulein! den Bart weg, und eine gestickte
Weste angezogen, und der Eremit ist für sie
wiedergeboren.

## Sechszehntes Kapitel.

Am Fuße des geheimnißreichen Berges
stand Felizian, und betrachtete die herrlichen
Marmorwände. Diesen Augenblick verschwan-
den die Ideen aus dem akademischen Leben, und
die glänzenden Ideen, die sich im Traume dar-
gestellt hatten, fanden sich wieder ein. Beschämt, und jungferlich scheu wichen die erstern, und mit vielem Getöse flogen die leztern,
wie Gänse, daher, oder wie eine Schaar von
Fräulein mit Reifröcken von rauschender Seide.
Schon im vorigen Kapitel entwischte mir das
Wort Fräulein, und, da ich voraus sehe, daß
ich der Erinnerung an diese sonderbaren Ge-
schöpfe nicht so bald loswerden dürfte, wenn
ich meine Betrachtungen über sie nicht auch

den

den gnädigen Leserinnen mittheilte, so habe ich beschlossen, den ehrlichen Felizian seine Marmorwände betrachten zu lassen; indeß ich meine Aufmerksamkeit auf die gnädigen Fräulein heften werde. Mit der höchstmöglichen Ehrfurcht küsse ich allen und jeden im grossen Kabinette meiner Gedächtniß befindlichen Fräulein die gnädige Hand, und erkläre als ein Mensch, der nicht das Glück und die Ehre hat, mit Ihnen in irgend einem Verhältniße zu stehen, daß meine Noten über Sie zu nichts andern bestimmt sind, als zu einer Maske auf einer Redoute. Dadurch werden Sie in den Stand gesetzt, sich, ohne viel nachdenken zu müssen, maskiren zu können, und haben obendrein den Vortheil, schriftstellerisch maskirt zu seyn. Auf solche Art maskirt erscheint Henriette im täglichen Umgang. Klerdon sah sie neulich unter einem Baume sitzen, und lesen. Leute von seiner Stimmung sind nicht gleichgiltig beym Anblick so einer Erscheinung. Er näherte sich, und fand, daß sie den ersten Schiffer von Gesner lese. Nach den gewöhnlichen Komplimenten hatte er die Ehre, sie

auf

auf einen Spaziergang zu begleiten. Sie
sprachen von der Lust des Lebens, und vom
wahren Genuße desselben. Sie äußerte sich
mit unglaublicher Wärme, daß sie nichts sehn-
licher wünschte, als auf dem Lande ihr Leben
vollbringen zu können. „Niemand, sagte sie,
ist mir unausstehlicher, als ein junger Mann,
der sein Mädchen mit Putzlobe, und Schmeicheleyen, Vergötterungen, und Händelecken
zu gewinnen sucht. Ich möchte mich von der
Gesellschaft solcher Schwätzer ganz losreissen
können.„ Es schien Klerdon, wie er mir betheuerte, daß sie wiße, wie wenig glücklich sie
die Verhältnisse machen, in die sie, ihrer
Meynung nach, durch die Geburt versetzt
wäre. Meine Leser, und besonders Se. gräf-
liche Gnaden dort mit dem Schlüßel an der
Rocktasche wissen von selbst, daß ich weder
von Comtessen, noch Baronessen rede: die sich
wohl nie so weit verlieren würden, mit unser
einem ein paar Worte zu sprechen. Henriette
ein oberdeutsches Fräulein war gewohnt, über
den Stolz des höhern Adels zu klagen, und
unterhielt sich nicht selten mit Leuten, die sich
sonst

sonst eben weder durch Geburt, noch durch Verhältnisse Verdienste erworben hatten, das Bischen Kopf ausgenommen, das auf ihrem vonlosen Rumpfe stand. Auf solche Art fand Klerdon sehr viel Vergnügen an ihrem Umgange, und konnte eigentlich nicht wissen, ob er nicht so schwach war, mehr für sie zu empfinden, als ein gemeiner Mensch für gnädige Fräulein empfinden sollte. Aber eben nach diesem Spaziergange ward er geheilet, wenn er verwundet gewesen ist. Ein Hochedelgebohrner Stutzer, mit einem schönfrisirten, aber erzdummen Kopfe, kurzen Frak, zwo Sackuhren, rothen Aufsätzen an den Schuhen — kurz! ein artiges Geschöpf, so lange er nicht sprach, drängte ihn von der Seite des Fräuleins. Er trat, oder flog vielmehr in das Zimmer herein, küßte ihr dreymal die Hände, und sprach hintereinander, weiß nicht was. Das Fräulein schämte sich beynahe, Klerdon anzusehen, weil der junge Herr etwelche Seitenblicke auf ihn machte, die ihr seine Verwunderung über Klerdons Gegenwart anzeigten. O Jakobi, Jakobi! wie bald ist dein Myrthenkranz verwelket!

Nichts-

Nichtsdestoweniger schien sie sich alle erdenkliche Mühe zu geben, die Larve vor ihrem Angesichte zu behalten; allein sie fiel plötzlich herab. - Sie können sich vorstellen, Herr Magister! daß Klerdon sich sogleich entfernte.

## Siebenzehntes Kapitel.

Nach diesem Muster, wenn's beliebt, gnädige Fräulein! können Sie manche Maske zubereiten, die vielen Beyfall erhalten wird. Ihre Herzensjungen kennen Sie doch, und vom Klugen werden Sie ihrer schönen Larve wegen geachtet. Wer weiß, ob Sie nicht durch so einen Kunstgriff das Herz eines jungen Mannes erobern, der im Stande ist, seiner Frau Wagen und Pferde, und Bediente zu halten?

Wie glücklich werden Sie seyn? und wie vielen Dank werden Sie mir für mein Geschichtchen wissen, wenn Sie ohne Widerrede ihrer Freundinnen den ersten Platz auf dem Kanapee werden behaupten können? werfen Sie dann auch auf mich armen Wicht ohne

Von

Von einen gnädigen Blick herab, so werde ich anfangen zu glauben, daß mich die Vorsicht nicht ganz weggeworfen hat. Indessen kehre ich wieder zu meinem Haupthelden zurück, und finde ihn, wie ich ihn verlassen habe, den Berg anstaunend. Sogleich beginnt er zu gehen, und kömmt, weil ihn die Goldliebe beflügelt, in einer einzigen kurzen Stunde zur eisenen Pforte der Karlsburg. Was er auf dieser Strecke des Weges gesehen hat, ist nicht angemerkt. Vermuthlich sah er nichts, weil sein künftiger Reichthum schon zusehr auf die Augen wirkte. Muthiger, entschlossener, ewig merkwürdiger Frater Felizian! nun bist du am Eingange des Tempels, wo dir die Göttin des Glücks tausend Segen in deinen weiten Ermel stecken wird. Entschuldigen Sie mich, hochansehnliche Leser, wenn meine Feder nicht im Stande ist, die wundervolle Burg des bereits über zweyhundert Jahre leibhaft transportirten Kaisers zu beschreiben.

Ich finde im Taschenbuche nur einzelne Bruchstücke, die Frater Felizian, wie es scheint,

aus

aus Angst, und Schrecken nicht vollständig liefern konnte. Zwar habe ich selbst die grosse, eiserne, doppelte, schwarze Pforte nicht gesehen, noch viel weniger Lust und Muth in meiner Seele bemerket, die innere Einrichtung dieser Zauberburg zu beschauen; allein ich bin doch versichert, daß einem nicht verzauberten Christen beym Anblick derselben das Herz pochen muß. Frater Felizian war ausser allem Zweifel ein muthvoller Mann, und doch stand er vor dem Thore, und bebte, wie jener Herzog von Mantua bey der Belagerung von Ofen. Wer verdenkt ihn? Euer Hochwürden sind vom Geiste Gottes gestärket, und haben die Macht, durch ein Paar Worte den Teufel in seine Hölle hinabzufluchen. Aber bekennen Sie mir aufrichtig, ob's Ihnen nicht graut, wenn dieser leidige Christenfeind so fürchterlich aus der Nase des Besessenen heulet? Frater Felizian hatte freylich auch Karaktere bey sich, die er aus den Schriften des großen Theologen Reifenstul genommen, und Amulete, gefüllt mit Fetzlein von den Windeln Moses, und Stücklein von der Leiter, die der Patriarch Jakob im Traume

gesehen

gesehen hat; allein da ihm diese gegen den Satan, und Zauberer so bewährte Mittel sein menschliches Herz doch nicht vergöttern konnten, so bebte er zehnmal vom Thore zurück, bis er endlich so viel Muth hatte, mit dem zweyten Finger seiner rechten Hand anzuklopfen.

## Achtzehntes Kapitel.

Mit dem zweyten Finger seiner rechten Hand hat er angeklopft. Der Thorwächter, oder — weil es eine verzauberte Burg ist — der Portner saß nicht auf seinen Ohren, und rief mit hohler Stimme: wer pocht an der Thüre? Ich beschwöre dich, antwortete Felizian, bey den heiligen Karakteren, und bey den Windeln Moses, und patriarchalischen Leiterstücklein, die ich bey mir führe; eröfne die Pforte, und laß mich die Burg sehen, die der verwünschte Kaiser Karl bewohnet. Wie kraftvoll die Karaktere, und Amulete seyen, hat mancher Theolog in langen Deduktionen bewiesen; aber keiner so sicher, und zweifellos,

los, als die plötzliche Wirkung, die sie in gegenwärtigem Falle hervorbrachten.

Gehorsam, wie ein Kapuziner-Noviz, eröfnete der Portner die eiserne Pforte, und war gefällig genug, meinem Helden zu sagen, daß er den Bewohnern dieser Burg sowohl, als dem Beherrscher derselben, dem unüberwindlichsten Kaiser, ein überaus angenehmer Gast seyn würde. Da der Portner oder Hausknecht eines jeden Hauses, Kloster, Palastes, oder Residenz immer noch eine Hauptperson der Familie, oder Gemeinde ist, so glaube ich nicht, mich gegen die Regeln der Geschichtschreiberey zu versündigen, wenn ich ihn Euer Erzellenz zu hohem Belieben schildere. Er ist ein Mönch aus dem Orden des heiligen Dominikus; folglich weiß gekleidet. Sein Angesicht ist hager: die Augen tief versunken: die Nase kurz und platt: die Lippen so klein, daß man sie nur bey Eröfnung des Mundes bemerket. Uebrigens ist er mehr kurzer als langer Statur: spricht, wie schon oben bemerket worden ist — hohl und traurig: trägt seinen Kopf gesenkt,

senkt, und schaut nur gegen den Himmel aufwärts, wenn man Doktor Luther nennt.

Mein Eremit, dem der Gehorsam, und die Gefälligkeit des Portners Muth eingeflößt hatte, beschwur ihn noch einmal, und der Mönch schloß die Pforte hinter dem Rücken Felizians. Hierauf zeigte er ihm eine Innschrift, die in Algierischer Sprache neben dem Thore auf einem weissen Marmor eingehaut war. Sie lautete: „Karl der fünfte, Demüthiger der Ungläubigen, Schützer des Christenthums, und Schrecken der Feinde hat dieses Denkmal zu seiner Erbauung errichtet 1558." Felizian wunderte sich nicht wenig, daß er in einem verzauberten, unterirrdischen Schlosse eine Innschrift auf Marmor antraf, und äußerte sich gegen seinen Führer mit vielem Zutrauen, daß er hier nichts als Gold, und kostbare Steine gesucht hätte.

Wohl wahr, sagte P. Tekel — denn so hieß der fromme Dominikaner-Mönch, der Todfeind Luthers, und dermaliger Portner in der

der Karlsburg — wohl wahr, sagte er: ich hatte es auch vermuthet; allein ich fand, daß in der ganzen Burg nicht ein Gran Gold, oder Silber ist. Indessen giengen sie immer zu, und Tekel erzählte meinem Felizian, wie er sowohl, als Karl selbst, und die übrigen Bergbewohner in diese Burg gekommen wären. Meine Leser haben Recht, wenn sie von mir verlangen, daß ich ihnen Tekels Erzählung wiedersage, und ich erfülle meine Pflicht in folgendem Kapitel.

## Neunzehentes Kapitel.

Nachdem Karl seinen Nebenbuhler, den großmüthigen König Franz von Frankreich heruntergemacht, sein Ansehen in Italien befestiget, und das berühmte Interim zu Augsburg gegen die deutschen Renomisten zu Stande gebracht hatte; ward er 1556 der Regierung müde, und beschloß, die noch übrige Zeit seines Lebens in der Einsamkeit zuzubringen. Zu diesem Ende begab er sich in das Kloster St. Justus in Spanien, und hatte sich bereits die

vorzüg-

vorzüglichsten Auftritte und Handlungen seiner Regierung in schönen Gemälden vorstellen lassen, um durch die Betrachtung derselben täglich sein kaiserliches Gewissen zu erforschen, als es der Vorsicht gefiel, ihn zur Stunde der Mitternacht durch deutsche Geniusse aus seinem spanischen Kloster nach Deutschland, und zwar in eben diesen Untersperg bringen zu lassen, in welchem er noch bis auf den heutigen Tag residirt. Die eigentliche Ursache dieser ungewöhnlichen Verfahrungsart der Vorsicht ist nicht bekannt; doch muthmasset er selbst, aber kein einziger Spanier sonst, daß ihn die Vorsicht einigermassen dafür züchtigen wollte, weil er als ein deutscher Prinz sich die spanischen Geschäfte mehr, als die vaterländischen angelegen seyn ließ. Er selbst bekennt, daß die Wittembergischen Zänkereyen sich nie so weit würden ausgebreitet haben, wenn er nicht zu Erhaltung seiner spanischen Majestät sich so oft und so lange von Deutschland hätte entfernen müssen. Was P. Tekel, und die übrigen Bürger des Untersbergs betrift, worunter der Vizekanzler Nayes, General Schwendi, und Aretin

tin die vorzüglichsten sind, sind sie theils freywillig, theils auf Ersuchen des Kaisers mit ihm gezogen. Zwar waren einige von ihnen damals schon todt; allein die Vorsicht hatte die Gefälligkeit gegen den Kaiser, sie aus ihrem Grabe zu wecken. Tekel stand noch vor dem Geistergerichte, und belegte seine Rechnung mit päpstlichen Ablaßbriefen. Man konnte sich jenseits auf seine Manipulation nicht verstehen, und er wäre beynahe zum Ersatze angehalten worden: wenn nicht zur Zeit die Bitte des Kaisers eingelangt worden wäre. Aretin fieng an zu glauben, daß er unsterblich sey, als er sich wieder fühlte; denn seine Seele hatte nach seinem Tode aufgehört, zu seyn. Seine Verwunderung nahm zu, da er den Kaiser Karl erblickte, und erfuhr, daß er in einer deutschen Bergburg wohne. „Karl, war sein erstes Wort, deinen dummen Streich kann ich nicht vergessen, den du gemacht hast, da du Algier belagertest.„ Der venetianische Dichter wußte nicht, daß Karl noch einen lächerlicheren machte, da er die Regierung niederlegte, und das Kloster St. Justus bezog.

Seine

Seine Seele war in diesem Zeitpunkte todt. O Felizian! hüte dich vor Aretin! er witzelt dir deine Kutte vom Leibe, wenn du dich nicht in gehöriger Entfernung von ihm hältst.

## Zwanzigstes Kapitel.

Als Felizian und Tekel so miteinander fortwandelten, begegnete ihnen Schwendi, der grosse General. So muthig mein Eremit war, konnte er doch gewisse Nervenzückungen nicht verhindern, durch die Schwendi wahrnehmen konnte, daß er nicht zum Volke des Untersbergs gehöre. Schwendi gieng auf ihn zu, und setzte meinen Helden in keine kleine Verlegenheit, da er ihn bey der Hand faßte, und mit unglaublicher Freundlichkeit fragte, woher er käme, und was er hier suchte? Felizian beschwur ihn seiner Gewohnheit nach bey seinen Leiterstücklein, und Reifenstulischen Karakteren, ihm nicht zu schaden, und fügte hinzu: daß er weiter nichts suche, als die berühmte Karlsburg zu sehen, von der man in Bayern,

Bayern, und Salzburg so viel zu sprechen wüste. Schwendi lächelte, da er die Kraft der Beschwörung empfand, und versprach ihm, daß er ihn durch die ganze Burg begleiten, und ohne Schaden wieder in die Sonnenwelt führen würde.

Tekel wurde hierauf an seinen Platz verwiesen, und Schwendi führte unsern Felizian zuerst nach seiner Wohnung. Folge mir, frommer Bruder, sprach er: und erzähle mir, wie es dermalen in der Oberwelt zugehe. Seit zweyhundert und mehr Jahren haben wir hier nicht das mindeste von den Kriegen, und Revolutionen unsrer Enkel erfahren. Wie steht Oesterreich mit dem leidigen Türken? Welche sind die Verhältnisse Frankreichs mit Spanien, und Deutschland? Wie heissen die Könige, die nun diese Reiche beherrschen? Aus was für einem Geschlechte sind sie? Und wie heissen die grösten Generäle derselben?

Wie kann ich ihnen alle die Verwirrungen erzählen, antwortete Felizian, die seit ihrer Entfernung aus unsrer Welt Europa, und zum Theil auch West- und Ostindien verstattet haben? Doch will ich sie gern von allem benachrichten, was mir beyfällt, wenn sie Geduld haben wollen, Herr General, einem Eremiten zuzuhorchen, der über Staatsgeschäfte spricht, die er nicht versteht. Indeß kamen sie in der Wohnung des Generals an, wo ausser Harnischen, Lanzen, und andern Feldgeräthen nichts zu sehen war, als ein marmorner Tisch, und Kanapee, und einige Kriegsgeschichten, die der General zu seiner Unterhaltung vom Kaiser selbst geborgt hatte. Man setzte sich, und Felizian fieng an zu erzählen.

## Einundzwanzigstes Kapitel.

Meine Leser erwarten von mir in diesem Kapitel weise Bemerkungen des Eremiten über die dermalige Lage der Großmächte unsers Welttheiles; allein ich muß sie ersuchen, mir's nicht übel zu deuten, daß ich diesmal die Ordnung unterbreche. Es dünkt mich, ich höre einige aus ihnen unter sich fragen, warum der

Eremit

Eremit eben mit dem zweyten, und nicht vielmehr mit dem dritten Finger seiner rechten Hand an dem Thore gepocht habe? Diese Frage muß ich zuerst, so viel mir möglich ist, beantworten; dann will ich unverzüglich fortfahren, als ein zweyter Großing meinen langmüthigen Lesern die Felizianischen Gedanken über das europäische Staatenverhältniß vorzutragen. Frater Felizian hat ausdrücklich nicht hinzugesetzt, daß er eine besondere Ursache gehabt habe, des zweyten Fingers zum Anklopfen zu gebrauchen; allein wenn wir ihn genau betrachten, wie er den Stock in der rechten Hand hält, das Brodkörbchen in der linken, sein rechtes Ohr zur Pforte kehrt, und dann im Begriffe ist, nicht gar so unfreundlich anzuklopfen, wie Scheakspears Brutus, nach der Mannheimer Uebersetzung, beym Zäsar angeklopft hat, so sehen wir gleichsam mit unsern Augen, wie sich der zweyte Finger selbst reget, der kühnen Seele Felizians diesen Dienst zu thun, den ihr die übrigen Finger niemals so bequem, und so freundlich hätten thun können. Wenn wir nun überdies die Absicht betrachten, die Felizian

zian gehabt hat, die Karlsburg zu besuchen, so giebt sich von selbst, daß er sich allerdings der Freundlichkeit zu befleißen hatte. Die Fälle dieser Art sind so vielfach, daß ich kein Bedenken trage, mich zu versichern, meine Leser seyen von der Wahrheit dieses Satzes vollkommen überzeugt.

Was würde es mit dem Autor werden, wenn er bey seinem Verleger nicht freundlich genug anklopfte? Bey den Spinneweben des Katullianischen Beutels versichere ich sie, daß es in diesem Falle mit der Unsterblichkeit eines Voltair's ein Ende hätte. Und Felizian, der in der ganzen Welt keinen Berg wußte, worin er so viele Schätze zu finden hoffte, als den Untersberg nächst Salzburg, hatte, wie sie wissen, keine geringere Absicht, als durch den eroberten Reichthum das Herzogthum Bayern zu kauffen. Seit dem Tode König Friederichs von Preussen bekümmerte er sich nicht mehr, Widerstand zu finden, weder von Seite des Wienerhofes, noch von den pfälzischen Häusern. Die Illuminaten, sagte er oft

oft zu mir, sind gröstentheils aus dem Lande verwiesen, oder aus der Aktivität gesetzt, und die übrigen sind alle feile Seelen. Doch ich erinnere mich, daß es nicht hübsch ist, unfreundlich anzuklopfen: und enthalte mich gern aller der unfreundlichen Klopfereyen, die Frater Felizian von Zeit zu Zeit gegen sein Vaterland bey mir anbrachte.

## Zweyundzwanzigstes Kapitel.

Die Geschichte, Herr General, ist meine Sache ganz und gar nicht: sagte Felizian, als er anfieng, dem grossen Schwendi die Lage der Oberwelt zu schildern: die Geschichte fordert zu viel Gedächtniß, und nebstbey Beurtheilungskraft, die man unsereinem um so viel weniger zumuthen kann, da sie oft den grösten Männern mangelt, die sie doch zu ihren Geschäften höchst nothwendig hätten, wenn sie nicht anderswo Unterstützung fänden.

Anderswo Unterstützung, unterbrach ihn der General? anderswo Unterstützung? wie verstehst du das, frommer Bruder? Der Herr General werden oft gelesen, und gehört, vielleicht selbst erfahren haben, daß manchem Staatsminister, Gesandten, und Landes-Chef sein Sekretair so nothwendig ist, als einem seidenen Rock das Unterfutter: und daß, mit Ihrer Erlaubniß, selbst mancher General nicht ein halb so grosser Held seyn würde, wenn er nicht am Gängelbande seines Adjutanten marschirte. „Eremit! wenn du das auf mich redest; hol' dich der Teufel, ich halte mein Versprechen nicht.„ Keineswegs, Herr General! ich rede von den römischen Feldherren aus patrizischen Familien. Marius, wie sie wissen, hat ihnen beym Sallust vorgeworfen —
Sumunt aliquem ex populo monitorem officii. „Ich verstehe kein Latein,, versetzte der General noch etwas aufgebracht, aber doch gelassen, so, wie der Ehmann, wenn er von seiner Hälfte hintergangen, und wieder gekoset wird; ich verstehe kein Latein; wie lautet dieser Text im Deutschen? Frater Felizian,

zian, der auf der Universität, wie schon gesagt worden, sich vielen Ruhm erworben hatte, war nichtsdestoweniger in Sorgen, er möchte den ächten Ausdruck verfehlen, und übersetzte mit vieler Sorgfalt, und Treue: „Sie liessen sich in wichtigen Vorfällen zu gemeinen Menschen herab. Schwendi war zufrieden, und Felizian fuhr weiter. „Ich will also nicht sagen, was sich nach Karls Entfernung in der Oberwelt zugetragen hat, und wie endlich nach langwierigen Kriegen die Sache dahin kam, daß jeder Christmensch glaubte, was ihm entweder wahr schien, oder, was er für seine Triebe behaglicher fand, oder auch, was er seiner Lage nach glauben mußte. Herr General, ich bin ein einfältiger Eremit, und sage so meine Meynung gerade heraus. Die Kriege hat der Teufel gemacht. (Schwendi lächelte, und sah dem Erzähler starr in's Gesicht.) Denn sehen sie nur; nachdem sich die Fürsten Deutschlands schachmatt gezankt hatten, da war's um kein Haar besser, als vorher. Die Lutheraner wurden geduldet: und ihre Stiefbrüder die Kalviner auch; die schönsten

Bisch-

Bischthümer geriethen in profane Hände, und wir Katholische mußten uns begnügen, daß wir in Deutschland bleiben durften, woraus wir die Ketzer verjagen wollten. Zwar hat der Kirchenrath zu Trient nicht viel mehr bewirket, und die gewünschte Vereinigung nicht zu Stande gebracht; allein da gieng's doch nicht so blutig zu; da begnügte man sich, seinem Nachbar den Stuhl, worauf er saß, entrücket zu haben.„ Der General sprang von seinem Sitze auf, und fluchte auf das Stuhlrücken mit der Betheurung, daß er inniglich überzeugt sey: kein Krieg, wie blutig er immer seyn möge, könne so viel Schade thun, als das Stuhlrücken zu Trient gethan hätte. Frater Felizian stand ebenfalls vom Kanapee auf, und hiemit ward die Unterredung für diesmal beschlossen; denn Karl, der die Ankunft Felizians indessen erfahren hatte, schickte diesen Augenblick den witzigen Aretin, ihn vor sich zu rufen.

## Dreyundzwanzigstes Kapitel.

Euer Hochfreyherrliche Gnaden ersehen aus dem Tridentinischen Stuhlrücken, daß diese Art, seinen Nachbar zu necken, nicht erst im achtzehnten Jahrhundert erfunden worden sey. Die Hohenpriester im alten Testament, (denn ich bin gesinnt meinen Satz zu beweisen) haben einander die Stühle gerückt, und, wenn sie selbst nicht im Stande waren, die Last ihres Nachbars zu bewegen, auswärtige, starkgebante Prinzen dazu aufgebothen. Wie Alzibiades dem Nizias seinen Stuhl entrückt hat, worauf er so herrlich zu sitzen gewohnt war, haben ihre Gnaden izt selbst gelesen, da ihn der Skizzenphilosoph so angenehm verdeutscht, und modernisirt hat. Dergleichen Beyspiele finden sich zu tausenden in den Jahrbüchern aller Völker. Sokrates, Hannibal, Zizero, Belisar, Narses, und jener Graf von Bamberg, bey dem der Erzbischof Eginhard von Maynz ein so christliches Frühstück genommen hat, sind hinter die Stühle gefallen. Zu unsern Zeiten ist das Stuhlrücken allgemein geworden. Mir selbst hat ein pfälzischer Beamter — seine Frau möge ihm den Rückenschmerzen vergelten, den er mir verursacht hat, — den Stuhl entrückt, da ich eben darauf sitzen wollte, weil ich glaubte, daß er für mich dastünde.

Was soll ich von dem grossen Stuhlrücken in Bayern sagen, da so viele weise Männer von ihrem Sitze delogirt worden sind? Sie wissen es, grosser, berühmter Stuhlrücker, unnachahmlicher Utzschneider! wie groß die Anzahl der jenigen sey, die durch ihre unermüdete Hand ihren Stühlen entsunken sind? Einige sind aufgestanden, die andern liegen noch. Sie werden einen vorzüglichen Platz unter den grossen Stuhlrückern in der Geschichte behaupten. Meine Leser erinnern sich leicht, wie Frankreich neulich dem stolzen Britannien seinen königlichen Stuhl in Amerika entrückte, worauf es so sicher zu sitzen glaubte. — Noch will ich zum Ueberflusse den einzigen grossen Friederich von Preussen anführen, der seinem fürchterlichen Nachbar — wohl dir, Frater

Felizian

Felizian — erst vor kurzem den Stuhl entrückte, worauf er sich, ohne viele Umstände zu machen, niedersetzen wollte. Es ist also gleichsam in unser Wesen gewebt, oder vielleicht gar die beruffene Erbsünde, die sich von Generation zu Generation fortpflanzet, daß wir einander die Stühle entrücken. Das lustigste, was sich bey dieser artigen Handlung ereignen kann, scheint mir vorzüglich das zu seyn, wenn der witzige Stuhlrücker in seiner Arbeit selbst rückwärts niederstürzt. Ich weiß wohl, daß diese Freude nicht sonderlich tugendhaft ist; allein ich kann sie meinem Herzen, trotz der evangelischen, und philosophischen Einwendungen, nicht versagen.

## Vierundzwanzigstes Kapitel.

Felizian, der schon vom Portner vernommen hatte, daß in der Karlsburg kein Gran Gold zu finden wäre, und darüber sehr melancholisch geworden war: schöpfte izt neuen Muth, da ihm Aretin sagte, daß der Dominikaner Tekel ein Erzlügner sey. Er gieng also

also frohen Sinnes durch die vier Höfe der Residenz, und kam endlich sehr wohl gehalten mit dem venetianischen Poeten im fünften Hofe an, in dessen Mitte ein Tempel stand, der aus dem schönsten Jaspis gebaut war. Da sie keine Zeit zu versäumen hatten, indem Karl als ein Podagrist sehr ungeduldig war, so konnten sie das Innere des Tempels für diesmal nicht beschauen. Sie stiegen also die breite, romanische, marmorne Treppe hinauf, und kamen in das Vorzimmer, das für die Audienz, die Frater Felizian haben sollte, bestimmt war. Das war nun freylich eine Herzensfreude für unsern Goldmacher. Die Leisten der Spaliere waren von Gold, die Thürangeln von Gold, die Stuhlfüsse von Gold, die Tische von ganzen Smaragden, der Thron nach mosaischer Art von Rubinen zusammengesetzt; mit einem Worte: Frater Felizian glaubte, in Gott Vaters himmlischer Behausung zu seyn. Man hieß ihn niedersitzen, und des Kaisers Ankunft erwarten: denn Karl war eben im Kabinette mit dem Podagra beschäftiget. Es sey mir erlaubt, hochansehnliche

Leser,

Leser, eine Reflexion zu machen, die vielleicht schon viele aus ihnen mögen gemacht haben. Was mag wohl die Ursache seyn, daß Tekel unsern Eremiten so schändlich belogen hat? Ich finde in der Brieftasche des hintergangenen Felizians keine Sylbe mehr von Tekel, als daß Karl seiner bereits satt ist, und beschlossen hat, ihn bey nächster Gelegenheit zum Teufel zu schicken. Mir scheint also, daß Tekel befürchtete, Felizian möchte, vom Golde gereizt, Lust bekommen, sich vom Kaiser eine Bedienstung zu erbetteln: wodurch ihm wahrscheinlicher Weise sein Stuhl entrückt werden würde.

Wirklich würde Tekel sehr übel daran seyn, wenn er von Karl allergnädigst entlassen würde; denn wohin sollte er sich wenden? in die Oberwelt? allein sein Gewerbe, wie Euer Hochwürden wissen, hat nun aufgehört, oder ist doch überflüßig mit Leuten besetzt, die sich kümmerlich davon ernähren. Vor Gericht, wo er nach seinem ersten Tode gestanden hat? den Esel, sagt man, führst du zweymal auf das Eis. Es ist also sehr unbe-

sonnen

sonnen von P. Tekel gehandelt, wenn er durch irgend eine Frevelthat, oder ungebührliches Betragen den Zorn des Kaisers reizet, der nun einmal in der ganzen Schöpfung, so viel uns bekannt seyn kann, seine einzige Stütze ist.

## Fünfundzwanzigstes Kapitel.

Der Vizekanzler Naves hatte sich eine halbe Stunde mit unserm Eremiten unterhalten, und Aretin nahm sich die Mühe, ihre Unterredung mit italienischem Witze zu würzen: als Karl in allerhöchst eigner Person aus dem Kabinette hervortrat. Das Podagra hatte ihn nicht ganz verlassen, und man bemerkte Zuckungen im Gesichte des Monarchen, die denjenigen ähnlich waren, die sich im allerdurchlauchtigsten Angesichte durchkreuzten, als seine Majestät vernahmen, daß sich Kurfürst Friedrich von Sachsen unterstanden hätte, ihn schlechtweg Karl von Gent zu nennen. Naves war so unbesonnen nicht, daß er lachte, wie jener Graf, dessen Namen ich vergessen habe. Dieser Mann nahm sich die Freyheit beym

beym Anblick des hinkenden Kaisers zu lachen, und ihm gerade in's Gesicht zu sagen, daß es ihm seltsam vorkäme, wie eine so grosse Monarchie, oder Staatswagen auf so schwachen Rädern dahinrollen könnte; worauf ihm aber Karl, wie er ein sich gegenwärtiger Geist war, antwortete: daß der Herr Graf bedenken sollte: er verrichte seine Regierungsgeschäfte nicht mit den Füssen, sondern mit dem Kopfe. Naves war ein ausgemachter Vizekanzler, Aretin lächelte in die Faust, weil er doch lächeln mußte, und Felizian, wie leicht zu vermuthen ist, war mehr von der Furcht eingenommen, als daß er Lust hätte fühlen sollen, über die Schmerzen des Monarchen zu lachen, von dem er sein ganzes Glück zu hoffen hätte.

Karl sah mit starren Blicken auf unsern Felizian hin, und bestieg den Thron, auf dem sich so herrlich sitzen läßt. Der Vizekanzler führte den zitternden Eremiten vor den Kaiser, und Se. Majestät geruhten allergnädigst mit folgenden Worten Sich zu ihm herabzulassen: Frommer Bruder! sage mir vor allem, wie

kamst

kamst du in diese Burg? Aus was für Absichten? Mit was für Zutrauen? Felizian, der von Naves vorbereitet war, antwortete kniend: Euer Römisch=kaif. Spanisch=katholische, Sizilische, Indische Majestät! Unüberwindlichster Fürst! Allergnädigster Herr Herr! Ich betheure bey allem, was Euer Majestät die allerhöchste Gnad haben, für heilig zu halten, daß ich (Gott behüte mich vor dem Geiste der Lügen) daß ich keine andere Absicht hatte, mich in diese wunderbarliche Burg zu begeben, als blos um das wirklich zu sehen, von was man in Bayern und Salzburg so viel zu sagen weiß; Zutrauen hatte ich zu Euer Majestät weltbekannter Leutseligkeit; und die schreckliche, grauenvolle, eiserne Pforte hat mir auf mein freundliches Anklopfen Allerhöchst Dero wachsamer Portner geöfnet. Der Kaiser winkte ihm seine Huld zu, und stieg vom Throne. Die Audienz hatte ein Ende.

---

# Sechsundzwanzigstes Kapitel.

Wie lange eine Audienz von dieser Art dauern müsse, ist von Sr. Exzellenz dem Herrn Obersthofmeister bis zum mindesten Küchenbuben allen bey Hofe bekannt. Der Kaiser, welcher gleichwohl sehr viele Begierde hatte, Neuigkeiten aus der Oberwelt, in welcher er einst eine so grosse Rolle gespielt hatte, vom Eremiten zu erfahren, konnte sich dem eingeführten Hofzeremoniel zu Folge unmöglich länger auf dem Throne sehen lassen, als es die Uhr des Ministers erlaubte. Er begab sich also wieder in sein Kabinet, und befahl dem Vizekanzler, den Eremiten mit allem nothwendigen zu versehen, und ihm ein eignes Zimmer anzuweisen, in dem er sich bequem machen könnte, so lange es ihm belieben würde, in dieser Burg zu verweilen. Aretin, der im Saale zurückgeblieben war, wurde bestimmt, ihm Gesellschaft zu leisten, und da Frater Felizian vor allem Lust bezeugte, den Tempel zu sehen, so führte ihn dieser mit Genehmhaltung des Hofpfarrers D. Eck noch vor dem Abendessen hinein. Wer die Apokalypsis gelesen hat, wird sich beym Anblick dieses Tempels im Himmel zu seyn dünken. Alles, o glücklicher Felizian! alles von Gold! das Pflaster vom schönsten Jaspis, der vermuthlich aus den pontinischen Sümpfen, in welcher Gegend vor mehr als 1800 Jahren des Lukullus Palast soll gestanden haben, hieher gebracht worden ist; die Säulen auch von Jaspis, deren zwölf auf jeder Seite stehen, zum Andenken der zwölf Söhne Jakobs, und eben so vieler Apostel. Altäre stehen in jeder Seite sechs, von Silber so fein gearbeitet, daß Felizian Lust bekam, die Haare des heiligen Petrus zu zählen, der auf dem ersten derselben verehret wird; allein Aretin betheuerte, daß es vergebene Mühe seyn würde, sie zu zählen, da diesem Apostel durch eine unsichtbare Hand täglich einige ausgerauft, und von einer andern wieder junge gepflanzt würden. Die andächtigen Leserinnen errathen von selbst, daß auf den übrigen eilf Seitenaltären die Bilder der Apostel aufgestellt sind. Es ist mir gewiß nicht angenehm,

daß

daß auf keinem dieser so prächtigen Altäre ein Petrus von Alkantara, Anton von Padua, Karl von Boromèe, Franz Borgias, und dergleichen anzutreffen ist; allein ich kann einmal nicht anders, als den Berichten Felizians treu bleiben. Der lose Eremit — ein Todfeind der spanischen, und italienischen Heiligen — mag wohl auch den Vater von Assis für den Herrn Jesus, und so weiter angesehen haben. Dieser steht, aus einem einzigen weissen Diamant geschnitten, auf dem Hauptaltar, wie er, mit den fünf Wunden bezeichnet, zum Himmel auffährt. Die Jünger, welche dem Spektakel zusehen, sind von Silber, und ihre Mienen treflich gebildet. Wer die Himmelfahrt des grossen Heilandes zu ..... gesehen hat, kann sich leicht eine deutliche Vorstellung dieses unbeschreiblichen Meisterstückes machen. Von den übrigen Kostbarkeiten dieses Tempels, den gewöhnlichen Geräthen, Lampen, Leuchtern, Kelchen und so fort, schweige ich mit Bedacht, damit, wer will, mit Nachdenken seinen Geist erheben könne.

## Siebenundzwanzigstes Kapitel.

Euer Hochwürden ist es ganz begreiflich, daß Frater Felizian, nachdem er bereits drey lange Stunden, obschon mit vieler Herzensfreude, in der Kirche zugebracht hatte, zu hungern, oder doch zu dürsten anfieng. Ueberdies ward es dunkel; denn der Abend brach allgemach herein. Aber um's Himmelswillen, sagt der Rezensent im Kaffeehause, wie kann's im Eingeweide des Untersbergs Abend oder Morgen werden? Geduld, mein lieber Herr! ich werde ihnen alles erklären. Der Untersberg hat eine Oefnung, durch die der Tag hereinbricht, und an welcher gewisse Gläser angebracht sind, die das Licht hundertmal, oder noch öfter vermehren; folglich, (hier fliegt mir ein Darum die Nase vorbey) haben die Bewohner dieser Burg Abend und Morgen, Tag und Nacht, wie wir in der Oberwelt. Sie frühstücken, essen zu Mittag, und zu Nacht, wie wir. Kurz, sie thun alles, was von Tag und Nacht abhängt, wie wir. Nur

etwas

etwas ausgenommen, das die Untersberger in den lezten Tagen ihres Lebens auf der Sonnenwelt ohnehin unterlassen haben.

Aretin führte also unsern Eremiten in sein angewiesenes Zimmer, wo der Tisch bereits für vier Personen gedeckt war. Der Kaiser wollte nämlich incognito bey Felizian zu Nacht essen, um desto bequemer und ungezwungener die Zeitungen aus der Oberwelt vernehmen zu können. Naves, und Aretin hatten den hohen Beruf mitzuspeisen; die Gäste erscheinen: die Speisen werden aufgetragen. Man setzt sich ohne Komplimente. Euer Hochwürden und Gnaden kann ich nicht dienen, wenn Sie wissen wollen, was für köstliche Gerichte, und wie viele geschmauset worden sind; denn Felizian hat es anzumerken vergessen. Dieses einzige finde ich, daß Alikanter getrunken ward. Nachdem die Lust zu essen gestillt war, und der feurige Spanier bereits in den Adern glühte, wurde Frater Felizian aufgefordert, das, was er von der Oberwelt wußte, zu erzählen.

Meine

Meine Leser haben im 20ten Kapitel vernommen, was für Fragen unserm Eremiten von Schwendi vorgelegt worden seyen: und wie ihn der Ruf des Kaisers gehindert habe, sie zu beantworten. Nun muß ich nicht erst mit dem Finger darauf weisen, wie künstlich meine Geschichte gewebt sey: da es jedermann vor Augen liegt, daß ich mit ungemeiner Feinheit die Antwort des Eremiten auf das folgende Kapitel verschoben habe. Ich bin zu sorgfältig für meine Leser, als daß ich ihnen dieselbe Sache zweymal sagen sollte. Schwendi hätte ganz gewiß die Erzählungen Felizians verschlungen, ohne in fünf Wochen Jemand etwas davon zu erzählen: wie er ein Mann von sehr wenigen Worten ist. Felizian mußte die nämlichen Fragen auch dem Kaiser beantworten, wie's nun wirklich der Fall ist, und ich wäre gezwungen, entweder, wie gesagt, auch meinen Bericht zu wiederholen, oder die Erzählung, die der Eremit dem Kaiser machte, fahren zu lassen. Was mir dadurch entgangen wäre, sieht jedermann leicht ein,

der

der den Werth der Tischreden kennt, die nach dem Geschmacke der Höfe sind.

## Achtundzwanzigstes Kapitel.

Der Kaiser hatte sich bereits auf seinem weichen Schlafstuhle rückwärts gelehnet: die Füsse auf dem gefütterten Schemmel sanft ausgestreckt: die Hände auf die zwo Lehnen des Stuhles gelegt: und endlich mit einem Winke Stillschweigen gebothen. So, wie seine Majestät ganz dem grossen Mogul ähnlich waren, lächelte Aretin noch einmal, ward aber, ohne weiteren Befehl, selbst aufmerksam, da Frater Felizian sich räusperte, und, wie der Kapuzinerlektor, seine Prise Tabak nahm. Mit Erlaubniß, frommer Bruder! sagte Karl, ist's Spanier? „Nein, Euer Majestät, 's ist Marokkaner; wird aber in Deutschland fabrizirt." So, so! Wie heißt also der izt regierende Kaiser in Deutschland? „Er heißt Joseph der Zweyte. Er ist der Sohn eines Kaisers aus dem Hause der Lothringer, der die lezte Tochter des Hauses Habs-

Habsburg zur Gemahlin hatte, und dadurch die Oesterreichischen Erbländer an seine Abkömmlinge gebracht hat.„ Wie? was? Habsburg erloschen? fiel der Kaiser ein; auch die spanische Linie ausgestorben? „Euer Majestät! diese Linie ist bereits über 80 Jahre nicht mehr: und Karl der sechste, der sie erben wollte, aber nicht konnte, beschloß die österreichische vor 46 Jahren.„ Warum konnt' er nicht? Wer hat ihm die Erbschaft angefochten? „Frankreich. Ein Kardinal, sagt man, habe ein Testament vorgewiesen, gemäß dem der Herzog von Anjou die spanische Krone erben sollte; aber Karl wehrte sich wacker; er hat die Niederlande — Gott sey Dank! sagte Karl — und Neapel durch Krieg erobert, und würde seine Erbschaft ganz gegen Frankreich behauptet haben, hätten nicht die Holländer und die Britten heimlich Friede gemacht, und den erhabenen Karl im Sumpfe stecken gelassen. Da mußt' er freylich auch Friede machen, und Spanien mit Indien abtreten.„ Aber die Niederlande, versetzte Karl, die Niederlande gehören zum Erbe von

Habs-

Habsburg-Lothringen. „Ja wohl, antwortete Felizian; allein Joseph wollte sie neulich gegen Bayern vertauschen, und würde den Tausch, wie man sagt, zu Stande gebracht haben, wenn nicht Friederich von Brandenburg dagegen Einwendungen gemacht hätte. Euer Majestät wissen selbst, wie schwer es für Oesterreich sey, so weit entfernte Provinzen gegen das treuloseste Volk in der Welt zu vertheidigen. (Bey diesen Worten schien es, als ob Karl Lust hätte, den Eremiten zu küssen.) Allerhöchstdieselben werden also den grossen Joseph nicht verdenken —„ Ey was verdenken — sagte Karl — Er wird wissen, warum er's thut. Hat man mir nicht übel gedeutet, daß ich von Innsbruck geflohen bin, und doch war ich vollkommen überzeugt, daß ich das Beste gewählt habe? — Den Kardinal mit seinem Testamente soll der Teufel holen! Es merkte jedermann, daß Karl in Eifer gerathe, und ich ersuche meine Leser, es auch zu beobachten. Felizian unterbrach ihn nichtsdestoweniger, und erinnerte ihn an Kardinal Zervinus. Da Karl diesen Namen hörte, fieng er an mit den Füssen zu stampfen, und die Augen fürchterlich zu rollen. Aretin schloß hieraus, daß ihn die Idee der Religionsvereinigung begrüßt habe, und winkte dem Vizekanzler. Dieser ließ die zwo Uhren bringen, die Karl so künstlich verfertigt hatte, daß sie sich um keine Sekunde wiedersprachen, und auf solche Art wurde Karl von seinem Paroxismus geheilet.

## Neunundzwanzigstes Kapitel.

Lächelnd mit weinenden Augen, wie Andromache beym Homer den Astyanax in die Arme nahm, ergriff auch Karl die allergehorsamsten zwo Uhren. Es war lustig anzusehen, wie ein ehemaliger Monarch, vor dem die ganze Welt bebte, und der über allen Neid erhaben war — den himmelhohen Neid der Franzosen ausgenommen — sich an zwo Uhren belustigte, und darüber den ärgsten Groll, den er je auf der Welt empfunden hat, vergaß. Nichtsdestoweniger lachte Niemand, als Aretin; dem der Kaiser — weil es doch nicht

anders

anders seyn konnte — bey dieser Gelegenheit zu lachen erlaubte. Die Sache genau betrachtet, war doch Aretin der Narr allein im Hause; denn fruchtlos lachen — ich sehe nicht ein, wozu es dienen sollte. Frater Felizian, sagte Karl, diese zwo Uhren konnte ich vereinigen; aber die Köpfe der Menschen konnt' ich nicht vereinigen. Euer Majestät! antwortete dieser: 's ist auch ganz was anders. Wenn man betrachtet, wie viele Mühe sich Euer Majestät gegeben haben, und wie Sie allem Ansehen aufbothen, die Gährung zu verhindern, die ein einziger, eigensinniger, stolzer Bettelmönch unter dem Volke, und selbst unter den Göttern Deutschlands verursachte: so sieht man ganz leicht ein, daß man ehe die Direktion der Luftmaschinen erfindet, als die Religionen Deutschlandes vereiniget. Mit Euer Majestät Erlaubniß, sagte der Vizekanzler, und wandte sich gegen Felizian: was sagst du von Luftmaschinen? Ist wohl gut, daß mich Euer Exzellenz erinnert haben an die Lumpen-Erfindung; ich hätte vielleicht vergessen, Se. Majestät davon zu berichten. Die Franzosen ha=

F ben

ben vor ein Paar Jahren einen Ballon gemacht, der mit fauler Luft gefüllt, sich hebt, und über die höchsten Gebirge hinfliegt. Man kann grosse dergleichen machen, und ein Schiff daran befestigen, auf dem sich, wer's wagen will, in die Nachbarschaft des Mondes kann bringen lassen. Die faule Luft wird von sächsischem Vitriol, und Eisenspänen bereitet; der Ballon selbst von gummirtem Taffet. O, Euer Majestät! es hat sich schon so ein windiger Franzose den Hals gebrochen. Mich dauern meine Landesleute, daß sie auch diese Thorheit dem luftigen Volke nachäffen. Nun will alles in die Luft fahren; und was gewinnt das Menschengeschlecht dabey? keinen Heller. Es ist unmöglich, daß wir jemals Nutzen daraus schöpfen. Das Fuhrwerk ist, und bleibt zu theuer. Naves nickte mit dem Kopfe, und war im Begriffe, unsern Eremiten dem Kaiser als Kommerzienrath zu empfehlen, da er sich erinnerte, daß er im Untersberg wäre, der von der übrigen Welt so isolirt ist, wie es Oesterreich zu werden anfängt. Karl hatte bereits unter der Erzählung eingeschlafen, und

Aretin

Aretin saß im Gedanken schon an seinem Schreibepult, den Erfinder der Luftmaschine mit einer Satyre zu peitschen. Man brachte Se. Majestät in's Schlafgemach, und gab sich allerseits eine gute Nacht.

## Dreyßigstes Kapitel.

Frater Felizian war nun allein. Vergnügt mit sich selbst, dachte er izt, ob er wohl im Stande seyn würde, die Gunst des Kaisers, die er zu besitzen schien, so hoh zu treiben, daß er ihm hinlängliche Schätze darreichte, das Herzogthum Bayern kaufen zu können. In seinem Leben auf der Oberwelt war Karl manchmal in Verlegenheit, wie er seine Armeen bezahlen könne; aber in dieser ruhigen Behausung, wo er ausser einigen Flintenschüssen der bayerschen Wilddiebe nichts feindliches hört, hat ihm die Vorsehung Geld und Armeen überflüßig gemacht. Die Bewohner dieser Burg leben unter ihrem erhabenen Kaiser ohne Furcht des Krieges. Jedermann genüßt den Segen ihres grossen Fruchtfeldes,

worauf

worauf alle Arten des besten Getreids, das schmackhafteste Obst, der herrlichste Alikanter wächst; und der Feldumgränzende Wald ernährt hinlängliches Wild, ohne daß man befürchten darf, daß die Saaten durch selbes abgefressen werden. Dieser glückliche Zustand der Karlsburger erweckte in unserm Felizian die lieblichste Hoffnung, daß ihm der grosmüthige Kaiser einen großen Theil seiner Schätze zum Andenken an seine Herrlichkeit darbiethen werde. Dem Eremiten war nicht unbekannt, daß Karl in der Oberwelt sehr sparsam gewesen sey, und einem Italienischen Geschichtschreiber seiner Thaten, der ihm von Rom bis Bologna zugereiset war, auch nicht einen Heller gegeben habe; allein damals — sagte Felizian zu sich selbst — gehörte es vielleicht zum Ruhme des großen Monarchen, daß er die Welt überzeugte, wie wenig ihm an den Schmeicheleyen der Schriftsteller gelegen sey. Es wäre nicht hübsch gewesen, wenn er den Schmeichler belohnet hätte. Monarchen sind grosmüthig, wenn der Ruhm ihres Namens dadurch gewinnt. Aretin, der so viele kaiserliche Geschenke erhielt,

hielt, um Karls Ruhm nicht zu verdunkeln, ist ein lebendiger Zeuge davon: wenn ihn Jemand selbst darüber befragen will. Durch dergleichen Monologen hob Felizian die Zweifel aus seiner Seele, und schlief voll der Hofnung auf seinem weichen Pflaumenbette ein. Was er diese Nacht geträumt hat, ist weder von ihm selbst angemerkt worden, noch, wie mir scheint, beträchtlich genug, um erzählet zu werden. Ein Mann, wie Felizian, der auf einem einzigen Steckenpferde zu gallopiren gewohnt ist, kann von nichts, als Reichthum, träumen. Vermuthlich war also sein heutiger Traum die Wiederholung des ersten, den er unter der schattichten Eiche geträumt hat. Und nun, holde Nacht im Untersberg, sey mir willkommen! von dir hat bis auf den heutigen Tag kein Dichter gesungen. Da mein Geschichtheld so sanft schläft, und meiner Feder nicht bedarf, so erlaube mir, schwarzgraue Göttin der Melancholischen! dir dieses Lied niederzuschreiben, daß ich eben mit dem Schlage der zwölften Stunde zur Mitternacht beginne.

## An die Nacht im Untersberg.

Sey mir willkommen, dunkle Nacht,
Mit aller deiner Feyerpracht!
  Du senkst so friedlich dein Gefieder
  Auf diese reinen Gläser nieder,
Durch welche, wann der Tag erwacht,
Der Rosenmund des Morgens lacht.

Hier deckst du keines Menschen List,
Und jeden, der dich freundlich grüßt,
  Liebkosest du mit deinen Schwingen,
  Und läßt ihn nicht mit Wache ringen,
Die manchen in der Oberwelt
Bis zu dem Ruf des Hahnes quält.

Da schläft der Kaiser, und der Rath,
Und, wer noch sonst zu wachen hat:
  Da stört kein Wuchrer deine Stille,
  Zerreißt kein Luster deine Hülle;
Da weckt den müden General
Kein schmetternder Trompetenschall.

Da schändet dich der Junker nicht,
Der zu Elisens Füssen kricht,
  Das liebe Kind mit tausend Schwüren
  Und Schmeicheleyen zu verführen:
Und, hat er sie in's Netz gebracht,
Die schöne Bürgerinn verlacht.

Da wirst du, liebe dunkle Nacht,
Von Grossen nicht zum Tag gemacht;
  Da weint kein Edler sein Geschicke,
  Des Fürsten Blindheit, die Intrike
Des Höflings, der zum Bösen wacht.
Sey mir willkommen, gute Nacht!

## Einunddreyßigstes Kapitel.

Kaum blickte der Tag durch die Kunstgläser herein, so erhob sich Felizian aus dem Bette, und die ganze Burg ward rege. Aretin säumte nicht, seinen Gast zu besuchen, und mit der karakterisirenden Zärtlichkeit der Ita-

liener zu fragen, wie Seine Andacht geschlafen
habe? Den Augenblick stand die beste May-
länder-Chocolade auf dem Tische, und beyde
frühstückten zusammen. Ich kann dir nicht
länger verhalten, sagte Aretin, und nahm den
Becher vom Munde; ich kann dir nicht länger
verhalten, Bruder Felizian! daß du das merk-
würdigste in dieser seltsamen Burg bisher weder gesucht, noch gesehen hast. „Die Schatzkammer, meynet ihr, versetzte der Eremit, wo
der kaiserliche Reichthum verwahret wird?„
O behüte! Was ist's mit Gold und Silber,
das jeder Schurk, und Tagedieb erwerben
kann? „'S ist doch eine schöne Sache darum: unterbrach ihn Felizian.„ Und Aretin
wiedersetzte: Deine Andacht, Bruder, hast du
vermuthlich in der Offenbarung des heiligen
Johannes studirt. Aber hör' einmal! du
hast mit dem Kaiser gespeiset, und seinen Bart
nicht gesehen. Ich will nicht wieder in die
Oberwelt kommen, rief der Eremit aus, wenn
ich von dem Glanze der Edelsteine, und des
Goldes den Wunderbart sehen konnte, von
dem bey uns so grosse Dinge erzählet werden.

Nicht

Nicht der Glanz des Goldes, und der Brillanten, erwiederte Aretin, sondern ein künstliches Gefäß, worein der Bart geschoben ist, und das sich gegen den Unterleib immer mehr erweitert, so, daß er einem Brustkleid ähnlich sieht, hat ihn deinen Augen entzogen. Das ist ein Bart, Bruder Felizian! woraus man für eine ganze Armee Schnurbärte drähen könnte. Und das Geheimniß, das in ihm steckt! o Felizian! du wärest nicht im Untersberg gewesen, wenn du diesen Wunderbart nicht gesehen hättest. Bitte wohl recht sehr, sprach Felizian mit der möglichsten Freundlichkeit, mir den Anblick desselben zu gönnen. „Sollst ihn sehen, frommer Bruder! wenn Karl seine Meditationsstunde hält; Er meditirt von neun bis zehn Uhr. Der ganze Hof versammelt sich dann, und umringt den Kaiser, der an einem grossen Tische von Ebenholz sitzt, auf dem ein Kreuzbild von weissen Edelsteinen zusammengesetzt steht. Alles beobachtet dann das genaueste Stillschweigen. Doch du wirst selbst sehen, was ich dir nicht ganz zu erzählen vermag. Aber das Geheimniß? ersuchte Felizian

lizian weiter. „Das Geheimniß, antwortete Aretin, wird sich entwickeln, wenn der Bart dreymal um den Tisch herumreicht. Bruder Felizian! dann ist's um die ganze Welt geschehen. Der füchterliche Tag bricht herein, an welchem alle Planeten von ihren Sonnen den Judaskuß erhalten, und, wie Stoppel und Heu, verbrennen. Deine Andacht versteht mich. Ich meyne den jüngsten Tag, da die Asche des Goldes so wohl, als die Partikeln der faulen Luft, mit der ihr eure Luftballons füllet, sich in Sonnenstäubchen auflöset. Der Bart unsers Kaisers ist der ächte Parzenfaden der Welt, nur mit dem Unterschied, daß der Faden, den die Parzen spinnen, bricht, wenn der Mensch den Hannswurst auszieht: der Bart aber zu wachsen aufhört, wenn die Erde zu prasseln anfängt.

## Zweyunddreyßigstes Kapitel.

Meine verehrungswürdigen Leser wissen alle, daß Aretin ein hämischer Mann ist, der sich um die Religion eben nicht viele Verdienste gesam-

gesammelt hat. Gewohnt, über alles zu witzeln, und zu lachen, hat er sich in dieser Oberwelt allgemein furchtbar gemacht. Selbst Karl, und Franz von Frankreich fürchteten die Geisel seines Wißes, welches nach meiner Meynung freylich keinem von beyden Ehre machte. Doch es war nun einmal so: und Karl und Franz, wenn sie einen dummen Streich gethan hatten, suchten seinen Wiß mit Geschenken zu besänftigen. Die Herrscher im achtzehnten Jahrhundert besänftigen mit Stockstreichen, und ewigem Gefängniß. Diese Bemerkung mache ich, um den Klassifizirern der Jahrhunderte nach meinem Vermögen einen Beytrag an die Hand zu geben, wodurch sie, wenn sie nichts bessers haben, ergründen mögen, wie weit wir durch die Reformation des Bettelmönchs in der philosophischen Auffklärung vorgeschritten sind. Da ich kein Freund von tiefen Untersuchungen bin, und, wie ich schon oben angemerkt habe, für gewiß glaube, daß der Mensch hienieden seine Seligkeit in Träumen suchen müsse, wenigstens könne: so habe ich die Wirkungen der Reformation so scharf nicht untersucht,

sucht, daß ich entscheiden könnte, wie weit
dieselbe den Weg zur Wahrheit gebahnet habe.
Wer weiß, ob's der Zweck der Reformatoren
war, der Welt das Licht anzuzünden? Se.
Majestät im Untersberg wissen es, wie licht=
scheu diese Herren gewesen sind. Freylich hatte
man auch in Trient die Absicht kaum, den
rasenden Gegnern das Licht vor die Augen zu
halten, indem man, wie es scheint, noch nicht
genug unterscheiden konnte, ob es für die Kir=
che Gottes vortheilhafter wäre, das Licht der
Wahrheit wieder anzuzünden, das sich nach
dem Tode der Apostel sogleich verdunkelte, und
zu Gregors Zeiten beynahe ganz verloschen war,
oder noch ferner die Rubinen auf der römischen
Bischofsmütze funkeln zu lassen. Mir scheint,
(so wie mir die Darum's die Nase vorbey=
fliegen) daß man jedes Aug hätte schauen
lassen sollen, was es schauen wollte, die Son=
ne, oder die Rubinen. Ich zweifle nicht, daß
die Sonne mit der Zeit über den Glanz der
Rubinen gesiegt hätte. Wenigstens würde
man nicht gezwungen worden seyn, dem Papst
die Mütze in den Koth zu werfen, die in dem

stürmi=

stürmischen Mittelalter der Menschheit so wichtige Dienste gethan hat.

Die Päpste würden endlich selbst die Rubinen von der Mütze genommen, und durch ihren Werth die Pomtinischen Sümpfe ausgetrocknet haben. Aber es ist schon so in der Natur. Sie reiniget sich mit Gewalt, und Getöse: wie die Henne schreyt, wenn sie ein Ey legen will. Man kann den Papst nicht verdenken, daß er sich die Mütze nicht nehmen läßt; Niemand giebt gern, wenn er gezwungen wird. Aber wenn der Papst einstens gesehen hätte, daß man seine hohe Mütze schon allgemein für eine gewöhnliche Bischofshaube hält, so würde er gewiß selbst gethan haben, was ein anderer an ihm in hundert und mehr Jahren nicht wird thun können.

## Dreyunddreyßigstes Kapitel.

Aretin hat den Eremiten von sieben bis neun Uhr sehr wohl unterhalten, und zur Anschauung des geheimnißvollen Bartes geziemend
vorbe-

vorbereitet. Felizian erwartete den Glocken=
schlag mit so bangem Herzen, als mancher
Christ in Oberdeutschland den Monat März 1786
erwartete, da nach der Weissagung des tiefden=
kenden Ziehen ganze Länderstriche durch Erdbe=
ben sollten zu Grunde gehen; oder wie die
Augsburger, und die patriotischen Schwaben
insgesamt den 24. August ebendesselben Jahres,
da der ungeheure Luftballon des Freyherrn von
Lütgendorf alle Luftbälle in der Welt beschämen
sollte.

Ich will gegen die Kunstrichter nicht starr=
sinnig behaupten, daß beyde Gleichnisse das
bange Pochen des Felizianischen Herzens gleich
deutlich erklären; indem ich gern bekenne, daß
in der Erwartung des Erdbebens die Hofnung
von der Furcht, und bey den Augsburgern &
Konsorten die Furcht von der Hofnung überwo=
gen worden sey. Allein da der Zustand der
Seele in beyden Fällen so verwirrt ist, daß ihn
der römische Herzenkenner selbst nicht auseinan=
der setzen konnte, oder wollte, da er von den
Zusehern beym Wettelaufen der Trojaner sagt:
exultantia pulsat corda pauor etc. so habe
ich

ich kein Bedenken getragen, beyde Gleichnißerzusetzen, und dem Geschmacke meiner Leser zu überlassen, welche er für die beste und passendste halten wolle. Auch kann, nach aller Wahrscheinlichkeit, zwischen dem lezten Worte des geschwätzigen Italieners, und dem Glockenschlage nicht so viel Raum seyn, als ein Deklamator mit der schnellsten französischen Zunge brauchen würde, meine Gleichniße und die Erläuterung darüber herzusagen.

Wirklich sind Felizian und Aretin schon im Meditationszimmer, und stehen bereits mit Naves, Schwendi, und Granvelle am Rücken des Kaisers, der nun, ohne Gold und Brillanten, schwarzgekleidet in seinem Lehnstuhle sitzt, wie vormals ein Kongregations=Präses, wenn er in den sogenannten Exerzitien, oder Geistesversamlungen den jungen Studenten Schrecken und Grauen hineinreden wollte.

Karl sprach kein Wort; aber der Anblick des versammelten Hofes, und das stille, feyerliche Karfreytag Zeremoniel weckte sowohl in

in dem Herzen Felizians, als in denen der
Mitspieler selbst Empfindungen, die der Kon-
gregationspräses mit aller Beredsamkeit bey
mir nicht wecken konnte. Um den Tisch herum standen sechs schwarz gekleidete Kammerherren mit spanischen Mänteln, welche zur
Bedienung des wunderbaren Bartes bestimmt
waren, der nun, von seinem Behältniße los-
gebunden, langsam in den Händen der Hoch,
und Hochwohlgebornen Bartminister dahin
floß, und sich gleichsam selbst, seiner Bestimmung zu Folge, um den Tisch herum schlang.
Mit der tiefesten Ehrfurcht, und möglichster Ver-
ehrung nahmen die Kammerherren den Bart
zwischen den Daum und den ersten Finger, womit
sie sonst die verzuckerten Mandeln und Biskuit
auf die delikateste Weise, mit der es immer
ein niedliches Fräulein thun kann, ergreiffen,
und so ganz allerliebst in den lächelnden Mund
legen. Zweymal umschlang der Bart den
Tisch ganz, und das drittemal reichte er noch
eine Seite des Vierecks aus. Die Seite des
Vierecks hatte eine Wiener-Ruthe; folglich
war der Bart neun Ruthen lang, ohne denjenigen

jenigen Theil mit in Anschlag zu bringen, der vom Kinn bis zu dem Punkt hinablangte, wo er sich um den Tisch zu schlingen anfängt, welcher auch $\frac{2}{3}$ Ruthen betragen mag. Felizian, in der Arithmetik wohl erfahren, fieng sogleich zu rechnen an, wie lange er noch leben müßte, wenn er der lezte Herzog in Bayern seyn sollte, und fand gar bald, daß er wahrscheinlicher Weise bis an den jüngsten Tag nicht ausdauern könnte, als welcher noch volle 76 Jahre entfernt wäre. Es ist also vor allem nothwendig, dachte er bey sich, daß ich das schmachtende Mädchen meiner akademischen Empfindungen aufsuche, und endlich wahr mache, was ich ihr so oft betheuert habe, daß ich wünschte im Stande zu seyn, einen Fürstenhut zu ihren Füßen zu legen. Auf solche Art würde für Bayern bis an das Ende der Welt gesorgt seyn. Von solchen Gedanken erfüllet stand Felizian, als ihn Aretin störte, der ihm's an der Miene abmerkte, daß er den Tag der Vollendung zu berechnen sich mühte.

G Vier-

## Vierunddreyßigstes Kapitel.

Deine Mühe, sprach er, ist verlohren. Der Bart wächst nicht nach geometrischen Verhältnissen, oder nach irgend einem mathematischen Masstabe. Unter der Regierung eines frommen Kaisers wächst er langsam: so wie er im Gegenfall unbeschreiblich schnell wächst. Vor ungefähr sechs Jahren fieng er so schnell zu wachsen an, daß ich selbst bald gefürchtet hätte, der Judaskuß möchte nicht fern mehr seyn. Aber izt, wie du siehst, nimmt seine Länge so merklich nicht zu. Wir Untersberger haben am allerglorwürdigsten Barte des Kaisers einen richtigen Barometer der kristlichen Frömmigkeit in der Oberwelt. Euer Kaiser hat sich vermuthlich bekehrt. Mein lieber Freund, sprach Felizian: unser Kaiser — ob ich schon ein Bayer bin, muß ich doch die Wahrheit gestehen — Unser Kaiser war immerher ein kristlicher Fürst. Daß er Mönche ausrottet, und die Goldbäche ableitet, die sich vorhin in den Ozean der heiligen Kammer ergossen

ergossen haben: wird ihm der Gott der Liebe
vergeben. Gold ist eine schöne Sache. Wer
verdenkt ihn, wenn er's in seinem Staate zu
behalten sucht, da es in seinem Staate geprägt,
oder erworben worden ist? Wenn er überdies
mich ungestört handeln lassen wird — hier ist
der Redesatz im Manuskripte abgebrochen,
und sogleich beygefügt, daß die Meditations=
stunde unvermerkt vorbey war, und ein allge=
meines Getöse sie in ihrer Unterredung gestört
habe. Keiner meiner Leser wird mir's ver=
argen, wenn ich dafürhalte, daß sich jedermann
selbst ersetzen könne, was Frater Felizian weiter
würde gesagt haben, wenn ihn das Geräusche
der Hofleute nicht gehindert hätte, und zwar
mit eben so viel Recht, als Tristram von sei=
nem Oncle Toby behauptet, daß er (jedoch
ohne Nachtheil seiner Schamhaftigkeit) ganz
gewiß das jenige, was durch einen Gedanken=
strich angedeutet ist, in seiner Fortifikations=
sprache einen bedeckten Weg würde genennet
haben. Der bedeckte Weg, wie sie sehen,
züchtige Leser! giebt mir einen herrlichen Pro=
spekt zu einem meiner gewöhnlichen Spazier=

G 2 gänge;

gänge; und ich bin überzeugt, daß viele junge Herren von bon ton mich begleiten würden; allein für diesmal kann ich nicht dienen, und verweise sie an Tristram, wenn sie mit dem hurtigen Engelländer fortkommen können.

## Fünfunddreyßigstes Kapitel.

Wie die artigen Herrchen dahinfliegen, daß sie kaum den Boden zu berühren scheinen! Der eine dorthin, der andere dahin, und der liebe Engelländer in der Mitte! Wie lustig so ein Spektakel für den Zuschauer ist! Weg mit den Luftfahrten, den Reigerbeitzen, Parforçejagden, Stiergefechten! So ein Schauspiel übertrift alles, was unterhaltend heißt. Kommen sie doch, gnädige Fräuleins, und besehen einige Augenblicke das Wetterennen der jungen Herren: denn länger werden wir sie doch nicht sehen können. Es thut mir leid, meine Zuschauerinnen, daß sie zu spät gekommen sind. Sie sind bereits dem Gesichtskreise entflogen. Wollen sie indessen auf ihre Zurückkunst warten, so mögen sie's gleichwohl thun;

thun; aber mich werden sie entschuldigen, wenn ich so unartig bin, und sie allein lasse. Alle Seitenblicke zu vermeiden (besonders in so einem Falle) begebe ich mich in die Meditationsstube zurück, wo der hochberühmte Bart bereits wieder im Gefäße ist, nachdem er von allen und jeden andächtig geküßt worden war. Wenn sie mir erlauben, will ich mich nachhin in einer ihrer dichterischen Stunden erkundigen, was ihnen die jungen Herren vom hämischen Engelländer erzählet haben. O die allerliebsten Fräuleins! wie sie voll der Erwartung herum trippeln, und trappeln, als ob sie eben izt die Erlaubniß erhalten hätten, auf den maskirten Bal zu gehen! die guten Kinder! — o daß sie doch immer so freundlich unter sich bleiben möchten!

## Sechsunddreyßigstes Kapitel.

Der hochberühmte Wunderbart ward von allen und jeden Anwesenden so gut geküßt, als Julchen von Amnut. Der Vizekanzler war der erste, und nach ihm der Burgpfarrer. Fe-

lizian,

lizian, Schwendi, Granvelle, und die übrigen alle folgten der Ordnung nach, die ihnen der Kammerfourier vorschrieb. Aretin war der lezte, nicht als ob er ein Mensch von geringerem Ansehen wäre, sondern weil er glaubte, daß er vom Huldlächeln des Monarchen, das sich über den Bart hinunter ergoß, eine weit größere Portion würde einschlürfen können, als alle die übrigen, deren einer vom andern gleichsam verdrängt wurde. Daraus können Euer Exzellenz sehen, wie wenig unverschämt die Dichter seyen. Sie dringen sich nicht auf; und wenn sie Auguste, Mäzenaten, Leonen, Ludovike, und wen noch? loben: so müssen Euer Exzellenz nicht denken, daß sie dadurch sagen wollen, wie rühmlich es sey, die Musen zu beherbergen, sondern bloß daraus schließen, daß einige grosse Fürsten gewesen sind, die auf einen Dichter so viel verwendet haben, als mancher anderer, eben so grosser Fürst, wenn sie wollen, auf seinen Leibhengst, oder Spaßmacher. Die Dichter sind genügsame Leute. Sie geben gern zu, daß man ihrer bey Hofe nicht bedarf, und behalten sich

nichts

nichts vor, als daß sie ungehindert über die Ueberbleibsel der Barbarey an den Leibhengst- und Spaßmacherhöfen lachen dürfen. Diese einzige allerhöchste Gnade, um die sie gewöhnlich Niemand beneidet, füttert, und nähret wenigstens ihren Geist, und der Körper, wie sie wissen, dichtet nicht, weil sonst ein jeder Reichsprälat ein Dichtergenie seyn müßte. Aretin, der von den Monarchen seiner Zeit nicht so viel des Genies, als seiner Lästerzunge wegen gefüttert ward, und noch eben deßwegen im Untersberg pensionirt ist, gehört freylich eigentlich nicht in die Klasse der Dichter; da sich aber zu unsern Zeiten auch manche Romanenschreiber, und sogar Leser unter die schönen Geister zählen, so wird man auch diesfalls mich entschuldigen, daß ich einen witzigen Kopf, der doch so ziemlich seinen Vers machen konnte, in die Reihe der Dichter setze. Wenn ausser dem Witze, und einem drolligten Knittelvers noch mehr zum Dichter erfordert würde: wie einsam würden Klopstok, und Uz, Ramler, Gleim, Klaudius, Stollberg und noch wenige andere unter den Eichen der Väter einher wandeln! Nun aber wimmelt's in den Haynen Thuiskos von Dichtern und Barden, daß die Zweige kaum zureichen, ihre Scheiteln zu bekränzen.

## Siebenunddreyßigstes Kapitel.

Se. Majestät wurden nach der prachtvollen, und geheimnißreichen Meditation nach Allerhöchst Ihrer Wohnung zurückforteggirt, und gaben bald darauf die allergnädigste Ordre, daß der Vizekanzler den Schwendy, Granvelle, Aretin, und unsern Eremiten zu Mittag laden solle, indem Se. Majestät bey ihm incognito zu speisen gedächten. Felizian beschaute indessen mit Aretin diejenigen Theile der kaiserlichen Burg, die er bisher noch nicht gesehen hatte, und verweilte zulezt in der Hofbibliothek, weil er sich von seinem Gesellschafter ausbath, die Schatzkammer ein andersmal bewundern zu dürfen, wenn ihnen mehr Zeit übrig seyn würde.

Aretin, der nebst dem, daß er den Hof zu belustigen hatte, auch Bibliothekar war, zeigte

zeigte sich itzt gefälliger, als jemals. Es war kein Heft so beträchtlich, oder so heterodox, das er dem wißbegierigen Fremdling nicht hervorlangte. Die schönsten Auflagen von Raymundus Lullus, Kornelius Agrippa, Albertus Magnus, und andern tiefsinnigen Mathematikern und Philosophen wurden bewundert, und die Bände derselben, wie sie es auch verdienten, von den Augen des Kenners genau besichtiget, und angestaunt. Da der seltsamsten Manuskripten, die sich in dieser Bibliothek befinden, so eine ungeheure Anzahl ist, daß Felizian, wie er sich ausdrückt, sie nur kurz anzumerken, die Haut eines wohlgefütterten Esels nöthig gehabt hätte: so sehen meine Leser von selbst, daß ich nicht im Stande bin, weder den Liebhabern der Literatur, noch den Texterganzern hierin ein Genügen zu leisten. Die Freydenker aber, welche nicht glauben wollen, daß die Sündfluth allgemein gewesen sey, und daß Moses seine Geschichte auf solidere Gründe gebaut habe, als die sogenannte Tradition ist: die Freydenker, sage ich, will ich mit einem Manuskripte beschämen, das

ausser

ausser allem Zweifel den Urvater Noe zum Autor hat. Das Manuskript ist lateinisch; wodurch zugleich bewiesen wird, daß die Menschen vor der babylonischen Verwirrung lateinisch gesprochen haben, und daß das Manuskript älter ist, als Babylon, weil nach der Erbauung dieser Stadt in denselben Gegenden hebräisch, oder kaldäisch geredet worden ist. Daß aber diese kostbare Schrift nicht erst von Römern, oder wohl gar von Mönchen unterschoben worden sey, beweisen die Namen derjenigen, die sie von Zeit zu Zeit besessen haben, und am Rande desselben angemerkt sind. Es ist kein Zweifel, daß dieser Schatz auf dem Kapitol zu Rom unter die Ueberbleibsel der sybillinischen Wassagungen hinterlegt worden sey, welche ebenfalls in dieser kaiserlichen Bibliothek aufbehalten werden, und deren einige der Kirchenvater Augustin noch gesehen hat. Vom Innhalt dieses Manuskriptes werde ich meinen Lesern im folgenden Kapitel etwas weniges vortragen, um eines noch weit mehr denkwürdigen in diesem erwähnen zu können, dessen Aechtheit ich selbst bezweifeln möchte, der ich

doch

doch leichtgläubiger bin, als der Diabolus Rotæ zu Rom. Dieses Manuskript ist im Staube. Meine Leser errathen leicht, daß es vom Weltheiland herrührt, da er das Urtheil über die Ehebrecherin fällen sollte. Es muß nothwendig von Engeln aufgenommen, in das Behältniß gebracht, und von italienischen Maulthieren nach dem Occident transferirt worden seyn. Genug! ich kann mich nicht bereden, es für ächt zu halten. Die Schrift heißt, da das Evangelium davon schweigt, und meine Leser vielleicht begierig sind, ihren Innhalt zu erfahren: die Urtheile der Menschen sind niemals ganz rein.

## Achtunddreyßigstes Kapitel.

Andächtige, geistreiche Leser! für sie allein ist dieses Kapitel geschrieben; die übrigen alle können es, wenn sie wollen, überschlagen; wenn sie nicht wollen, mögen sie gleichwohl gähnen, oder — sind sie nicht schläfrig — sich ärgern. Noe, der Stammvater aller

Menschen, die sich von der allgemeinen Fluth gerettet haben, (so heißt es im Manuskripte) ertheilt seinen väterlichen Segen der Nachwelt. Die Sünde der Welt ist abgewaschen, und Gott ist versöhnet. Steigt auf die Hügeln, und seht über die Fluren hin, wie sie blühen, und glänzen im Morgenthau! der Schlam der Sünde ist weggespült. „Euer Hochwürden sehen ganz deutlich ein, daß Noe in dieser vermischten Allegorie die kristliche Taufe, und die Seelen der getauften Menschen bezeichne. Die ganze Schrift — denn mehr, als Felizian angemerkt hat, kann ich ihnen nicht liefern — ist eine Reihe von Weissagungen, die theils schon erfüllet sind, theils, wie es scheint, erst künftig erfüllet werden sollen. Es werden Zeiten kommen, heißt es an einem Orte, da ihr vergebens auf die Berge steigen werdet; denn sie werden von Riesen besetzt seyn, die euch hinabstürmen. Einige aus euch werden dann trostlos und kleinmüthig seyn; andere aber im Thale hinschleichen, und der Riesen lachen. Die ihr trostlos und kleinmüthig seyd, weil euch die Riesen hindern, den Berg zu besteigen, schleicht, wie eure Brüder, im Thale hin, und lachet der Riesen. Von den Bergen fliessen die Bäche in's Thal, und wenn euch ihr Gewässer von den Riesen getrübt worden ist; so seyd ihr nicht gezwungen, das trübe Wasser zu trinken. Macht euch's klar, und trinket. „Ich muß gestehen, daß ich mich über die Exegese des Eremiten sehr verwunderte, da ich las: daß er mit dem heiligen Hieronymus dafürhalte, die genannten Berge seyen die Worte der heiligen Schrift. Das übrige können sich in Paraboln geübte Leser selbst hinzudenken. Doch kann ich nicht verschweigen, daß mir eine andere Auslegung (die ich aber aus wichtigen Ursachen in petto behalte) nicht viel unpassender scheint. Meine Sache ist es nicht, und wird es vermuthlich niemals werden, kanonische Bücher zu kommentiren. Eben deßwegen setze ich folgender Weissagung, die ich des poetischen Verdienstes wegen noch heraushebe, keine Erklärung bey. „Einsam, und traurig sind die Gegenden (regiones) um Mora, und roth sind die Augen der Söhne des Himmels. Seht, wie die

Thränen

Thränen in ihren Augen zittern! wie sie die Hände ringen, und um Hilfe rufen zu dem Heiligen; er aber sieht mitleidig auf sie herab, und spricht: ich kann euch nicht helfen. Der Nordwind hat die Palmzweige des Mittags verbrennt. Die Sonne schimmert am Mittag, und am Abend schämt sie sich, geschimmert zu haben; denn auch sie muß untergehen. Seht ihr nicht, wie die Arche fault, die uns über den Fluthen erhielt? die Fluthen sind abgeloffen, und versiget; die Arche mag faulen. Warum habt ihr die Arche verlassen, da sie strandete auf den Bergen Armeniens? — weil die Taube nicht zurückflog vom blühenden Felde.

## Neununddreyßigstes Kapitel.

Felizian, nachdem er die vorzüglichsten und seltensten Manuskripte durchsehen, und überhaupt die ganze Bibliothek auswendig gelernet hatte, ward nun von seinem Gesellschafter erinnert, daß es bereits zwey Uhr nach Mittag, und folglich Zeit sey, auch den Körpee zu befriedigen. Wie's dem Eremiten möglich war, in drey Stunden — denn so lange war er in der Bibliothek — so eine Quantität Bücher auswendig zu lernen, kann ich Euer Gnaden nicht dienen; wenn Sie nicht ihren eigenen Herrn Sohn beyspielsweise anführen lassen wollen, der in einer einzigen Stunde durch den Leipziger Bücherkatalog zum Gelehrten geworden ist. Wie sehr, und wie oft hat mich's gereuet, daß ich meine Zeit so beym Wolf, oder Leibniz versessen habe? warum zeigte man mir nicht den kürzern Weg zum Tempel der Weisheit? Warum mußt' ich den veralteten Zizero, und den kritischen Tazitus lesen: da ihre Maximen schon lange nicht mehr Mode sind? Durch die Leiden des jungen Werthers — hätte man mir sie lesen lassen — würde ich aufgeklärter geworden seyn, als durch alle die wortreichen Schwätzereyen der Römer. Hätte ich überdies noch die neuesten Bücher-Rezensionen, oder wenigstens Katalogen gelesen, so möchte ich wohl den Mann kennen lernen, der mich in einer Gesellschaft von bon ton dem Mendelssohn,

Iselin,

Iselin, oder ſonſt einem groſſen Philoſophen — ich meyne Selbſtdenker — nachzuſetzen gewagt hätte.

Nun habe ich alles dieſes nachholen müſſen, und empfinde, leider! daß mein Verſtandskäſtchen mit ſo viel pedantiſchem Nonſens voll gepfropft iſt, daß die gelehrten Rezenſionen und Bücherkatalogen keinen Platz mehr darin finden. Wenn Euer Erzellenz, oder Gnaden einen Sohn haben, ſo bitte ich Sie um des allgemeinen Beſten willen, daß Sie ihn ia auf keine Akademie ſchicken, wo man noch ſo viel auf die Alten hält. Man wird zurückgehalten, und der emporſtrebende Geiſt erliegt unter der Laſt des unnützen Schulwuſtes, worin er von finſtern Magiſtern vergraben wird. Alſo noch einmal! ſchicken Sie ihn nach ..; da verkürzen und verſüſſen ihm helldenkende Lehrer durch die Vorleſung ihrer eigenen petites Lettres das lange ſaure Jahr, und er lernt, was er lernen ſolle, weit früher, als, wo man Tazituße, und Lukreze erklärt.

Wiek-

## Vierzigstes Kapitel.

Ueber Tisch — denn in der Karlsburg hat man sich indessen zum Mittagmahle gesetzt, da wir auf dieser Welt von Bücherkatalogen, und Akademien gesprochen haben — ward diesmal von den Holländern gesprochen, die, wie bekannt, zu Karls Zeiten noch Unterthanen der spanischen Monarchie waren. Felizian hatte sie genannt, da er des Sukzeßionskrieges erwähnte; allein Karl bemerkte es damals nicht, und hat erst, als er sich zu Bette legte, darüber nachgedacht. Heute war sein erstes Wort: Was sagtest du gestern, Bruder Felizian, von den Holländern? Sie hätten, wie die Britten, den Kaiser im Sumpfe stecken lassen? „Euer Majestät! das thaten sie. Doch muß ich erst erinnern, daß Holland mit noch andern sechs Provinzen damals Freystaaten waren, so, wie sie es noch sind; denn sie haben sich unter Allerhöchst Dero Herrn Sohns Philipp glorwürdigster Regierung von Spanien losgerissen. (Die Gesichtszüge Sr.

Majestät verzogen sich merklich.) Der Herzog von Alba war einmal zu streng, und behandelte die aufgebrachten Belgier zu unglimpflich. Euer Majestät geruhen allergnädigst zu wissen, was die Menschen, wenn sie irgendwo Unterstützung finden, für die Denkfreyheit wagen können. Der Herzog gab durchaus nicht zu, daß sie anders dachten, als er. Hochmüthig zog er durch die Städte der Niederlande, und ließ Köpfe wegschlagen, und morden, wie der Würgengel in Aegypten. Es ist ganz natürlich, daß er sich dadurch verhaßt, und die spanische Religion verdächtig machte. Viele grosse, und edle Männer standen gegen ihn, und verfochten, wie sie sagten, die Rechte der Menschheit. Die Grafen von Nassau, und einige andere waren die Feldherren der gekränkten Reformation. Frankreich, wie Euer Majestät wohl denken können, that das seinige, und es kam endlich zum Friedensschlusse, wodurch Seeland, Holland, Gröningen, Geldern, Yssel, Friesland, Utrecht, als unabhängige Staaten erkannt wurden, die durch erwählte Magistrate sich selbst beherrschen, und

aus

aus Dankbarkeit den Wilhelm von Nassau-Oranien als Statthalter und General-Kapitän der nunmehr vereinigten Niederlande erkennen sollten. Ihre Macht wuchs durch Eintracht, und Emsigkeit so hoch, daß sie in kurzer Zeit Herren des Handels wurden. Du lieber Gott! was die Leute für Reichthümer gesammelt haben! Alle Potentaten haben Geld von ihnen geborgt, und ihre Freundschaft gesucht. (Karl rollte die Augen, und lächelte dazu.) Aber nun, fuhr der Eremit fort, nun haben sie's vollbracht, die reichen Holländer. Sie raufen unter sich, und werden ihren Feinden zum lustigsten Schauspiele. Euer Majestät erlauben, den gerechten Schmerz heraus weinen zu dürfen! Wie werden die Franzosen, die Raubgierigen Ungarn, die Preußen — was Preußen? unterbrach ihn Schwendy: was haben die Preußen in Holland zu thun? Ja wohl Holland — versetzte Felizian — was hatten die Preußen in Schlesien und Böhmen zu thun? Und doch haben sie das erstere weggenommen, und das leztere guten Theils rein ausgeplündert. Friederich, ihr König —

H 2        König!

König? der Heermeister von Preußen? König? Ja, großmächtigster Kaiser! Friederich von Brandenburg, der Heermeister ist König. Schon sein Grosvater hat sich die Krone aufgesetzt, die in der kurzen Zeit von 85 Jahren so glänzend geworden ist, daß die Augen der Nachbarn darüber erblindet sind.„ Se. Majestät merkten abermals gewisse Zückungen, und liessen sich in einer Senfte nach ihrem Kabinette zurückbringen.

## Einundvierzigstes Kapitel.

Die übrigen Gäste tranken ein Gläschen mehr, und Felizian fuhr weiter fort:

Dieser Friederich, von dem ich Ihnen sagte, ist ein ganz ausserordentlicher Mann. Er hat seine Macht auf 200000 Mann gebracht, die von so vortreflichen Generälen kommandirt werden, daß der noch stärkere österreichische Kaiser, das ebenfalls mächtigere Rußland, Frankreich, und selbst die fürchterliche Reichsarmee mit der Acht und Oberacht in ihren Patrontaschen durch einen siebenjährigen Krieg so
wenig

wenig gegen ihn vermochten, daß sie ihm auch nicht eine Ruthe Landes abnahmen. Ist nicht wahrscheinlich — sagte Schwendy — beym bockfüßigen Engel der Nacht! du unterhälst uns mit Lügen, Eremit! Herr General! ich bin auch Soldat gewesen, und bin gelaufen bey Torgau, daß ich bey jedem Wettelaufen den Kranz hätte gewinnen können. Scio, quantus in clypeum assurgat. Freylich sagt man, es wäre nicht ganz redlich zugegangen, und die österreichischen Generäle — doch die Klügeren, und vermuthlich der Hof selbst wissen es besser, woran es gefehlt habe. Frankreich konnte gegen die Hanoveraner nicht viel bewirken, und begnügte sich auf deutschem Boden tanzen zu können; Rußland hat viel gethan, und viel zernichtet, nachdem Elisabeth gestorben ist; der Kaiser aber und seine Gemahlin, die Königin von Ungarn und Böhmen hatten zwar grosse Armeen, aber wenige Soldaten, viel Troß, wenig Patriotismus, viele Rathgeber, wenige Ausführer. Wenn Euer Erzellenz — er wandte sich zum Vizekanzler — noch überdies glauben wollen, was einige für die sicherste Ursache der preußischen Ueberlegenheit angeben: daß nämlich der österreichische hohe Adel, seitdem er sich so allgemein hat prinzipalisiren lassen, ein goldgewirktes Kleid, und einen prächtigen Galawagen höher schätzt, als den Kriegsruhm: so werden Sie gern die Güte haben, den Herrn General zu bereden, daß mich Hochderselbe für keinen Lügner halte. Eure Exzellenzen wissen allerseits, daß der Kriegsgeist der unüberwindlichen Römer sogleich dahin war, da sie anfiengen, sich an Pracht und Herrlichkeit einander übertreffen zu wollen.

Die zarten Gesichter der Pompeianer auf den pharsalischen Feldern vertrugen die scheußlichen Wunden der deutschen Säbel nicht; der artige Römer schonte seiner untadelhaften Wangen, und floh. Obschon die Fausttapferkeit der Offiziere keinen so wichtigen Einfluß auf den Sieg mehr hat, als vor etwelchen Jahrhunderten, da man zum Verderben der Menschen noch nicht so fein raffinirte, als jezt; so ist doch nicht zu läugnen, daß die Feigheit
und

und Weichlichkeit derselben eine ganze Armee unthätig machen könne. Die preußischen Edelleute sind eines weit anderen Karakters; das Beyspiel ihres Königs hat sie zu Spartanern gebildet, wenn sie's nicht vorhin schon waren.

## Zweyundvierzigstes Kapitel.

Wer sind denn also diese vortreflichen Generäle deines grossen Friederichs? fragte Schwendy izt mit einer so auffallenden Hastigkeit, daß ich für schicklich hielt, mit seiner Frage ein neues Kapitel anzufangen. Schwerin, antwortete Felizian, Winterfeld, Kleist, Keith, Ziethen, die nun alle dahingegangen sind, wo pius Aeneas vom Zorn der rachgierigen Juno ausruht. Möllendorf und Wunsch leben noch, und der Herzog von Braunschweig — Prinz Heinrich von Preußen des, leider! kürzlich verstorbenen Königs Bruder, duo fulmina belli, sind schrecklichere Namen für die Feinde, als ganze Armeen. Meine Leser, wie ich nicht ohne Grund vermuthe, zürnen über mich, daß

ich ihnen die Namen der preußischen Helden so
hersage, die sie in jedem Kaffeehause können
nennen hören, und keinem Schulknaben mehr
unbekannt sind. Allein wie kann ich anders?
Sollte ich meinen Eremiten verlassen, und al=
lein in der Karlsburg herumirren, ob ich nicht
irgend etwas für ihren Schnabel entdecke? Da=
zu, bitte ich Euer Hochwürden, mich nicht zu
verleiten. Denn sehen sie, es spuckt in vie=
len Zimmern. Ich habe mir, sagt Felizian an
einem Orte des Manuskriptes, von einem Zim=
merwarter, der gewiß ein unerschrockner Mann,
und gründlicher Philosoph ist, erzählen lassen,
daß er mit eigenen Augen die schöne Isabella
gesehen habe, wie sie am Putztische saß, und
gekämmt wurde, und wie dann Feuerfunken
wegsprühten, die des ihm ebenfalls wohl kenn=
baren Herzogs von Gandia Kleid verbrannten.
Ob sie ihm auch das Unterkleid verderbten, ist
nicht angemerkt; so viel ist gewiß, daß der
Herzog unendlichen Schmerz litt, welches bey
einem Hofmanne auch in dem Fall leicht mög=
lich ist, wenn ihm das Oberkleid verbrannt
wird. Der Herzog entfernte sich hierauf, und
die

die Monarchin sah sich um, und lächelte hämisch. Diese und dergleichen Spuckgeschichten, die mir der wahrheitliebende Zimmerwarter, sagt Felizian weiter, bey seiner Treue erzählte, die er dem Monarchen in der Oberwelt unverbrüchlich hielt, haben mich in meinem Geisterglauben vollkommen bestärkt. Denn der nämliche Mann hat mich ferner versichert, und zwar bey eben der Treue, und Hofehre, daß er schon damals, als er noch in unsrer Welt lebte, dergleichen Geistererscheinungen gehabt habe. So sey er einmal, als Kammerdiener, mit einem Prälaten auf ein Schloß gegangen, das ihrem Stifte gehörte, und des Spuckens wegen von Niemand bewohnt war. Der Prälat, ein geistreicher, aber zugleich so ein Mann, der auf Poltergeister nicht im mindesten glaubte, habe sich über Nacht in eben das Zimmer logirt, wo es am heftigsten polterte, und der Kammerdiener mit zween Bedienten, Pistolen, und geweihten Wachskerzen hätten im Vorzimmer Wache halten müssen. In der zwölften Stunde sey ein langer hagerer Mann im Schlafrocke, und gelben Pantoffeln,

h 5     mit

mit einer bunten Mütze auf dem Haupte in das Zimmer des Prälaten gekommen, ohne daß sie im Vorzimmer, wodurch er natürlicher Weise hätte gehen müssen, etwas gehört, oder gesehen hätten. Der Geist habe sich sogleich zum Fenster verfügt, selbes geöfnet, und hinaus geseufzet, so, daß der Prälat, der mit seinem Pektorale bewaffnet sich bereits vom Bette erhoben hatte, mit seinen geistlichen Augen einen feurigen Rauch vom Munde des Geistes habe aufsteigen gesehen. Der Prälat hätte den Spucker hierauf besprachet, und die Antwort erhalten, daß er ein ehmaliger Graf und Besitzer dieses Schlosses gewesen wäre. Er hätte noch mehr hinzugefügt, welches alles aber der Prälat in petto behalten hätte.

## Dreyundvierzigstes Kapitel.

Da meine verehrungswürdigen Leser keine Liebhaber von Kriegsgeschichten sind, und unser Eremit beym Nachtische noch immerfort die Thaten Friederichs und seiner Helden, wohl
auch

auch des Prinzen von Lotharingen, Browne, Daun, Loudon, Beck, und dergleichen erzählet: so gewinne ich Zeit, mich mit Ihnen über die lezte Poltergeschichte ferner besprechen zu können. Der Graf von W..g, der in diesem Schlosse gespuckt, und von dem geistreichen Prälaten seine Erlösung vom Spucken, und Fegfeuer, das er mit jedem Seufzer aus seiner Brust sprühte, und wieder einathmete, erhalten hat, wird von der Kronik seines Geschlechtes, die ich eben an der Hand habe, als ein rechtschaffener Menschenfreund gepriesen. Ich habe die Kronik deswegen zu Rathe gezogen, weil ich in der Brieftasche Felizians weiter keine Ursache angemerkt finde, wegen der Se. Reichsgräfliche Erzellenz zum Spucken verdammt worden wären. Da lese ich nun, daß dieser erlauchte Graf dem Kloster bey Lebzeiten noch die Herrschaft verkauft, den Kaufschilling unter die Armen vertheilt, weil er der lezte seines Hauses war, und sich überdies bedungen habe, so viel von den Einkünften der Herrschaft jährlich beziehen zu dürfen, als er zu einer standmäßigen, jedoch ländlichen Lebensart nothwendig

wendig haben würde. Der Graf hätte hierauf zwar für seine Person sehr sparsam gelebt; aber den Hang nicht bezwingen können, seinem leidenden Nebenmenschen zu helfen. Er hätte zwar vier Pferde abgeschaft, und sich mit zwey begnügt; nur einen Bedienten besoldet, da er vermög dem Kontrakte, drey zu halten, befugt gewesen wäre, und sich in allem so eingeschränkt, daß die Diener Gottes die beste Hofnung gehabt hätten, noch ein gutes Stück Geld von seiner Ersparniß zu erben. Allein nach seinem Tode sey kein Heller zu finden gewesen. Die Leute hätten allgemein behauptet, daß er grosse Summen an die Armen der Grafschaft vertheilet habe; die Diener Gottes aber hätten sichere Wissenschaft gehabt, daß er ein Geizhals gewesen sey, und das ersparte Geld im Schlosse wo vergraben habe.

Meine andächtigen Leser können selbst erwägen, was glaubenswürdiger sey. Ich habe es verschworen, mich jemals gegen die Mönche zu erklären, weil ich versichert bin,

daß

daß ich ihrer Gegenparthey doch das Uebergewicht nicht werde verschaffen können.

## Vierundvierzigstes Kapitel.

Ich zweifle nicht, daß einige meiner wißigen Leser beym Worte Uebergewicht auf die Vermuthung gekommen sind, daß ich auf die Fette der Mönche angespielt habe. Doch muß ich sie versichern, daß ich nicht ehe daran gedacht habe, als eben in dem Augenblicke, da ich im Begriffe war, ein neues Kapitel anzufangen; wie ich gewöhnlich zu Ende des vorhergehenden nicht weiß, was ich im folgenden schreiben soll. Da wir aber nun einmal auf die Ehrwürdigkeit dieser Herren (den diesen Titel haben sie sich in Deutschland vor langer Zeit erworben) zu sprechen gekommen sind: so meyne ich, für die lange Weile meiner Leser nicht besser sorgen zu können, als wenn ich von mehreren dergleichen Ehrwürdigkeiten berichte, die ich auf meiner Pilgerschaft durch die Erde Gottes gesehen, und bewundert habe; indeß Felizian seine Zuhörer noch immer

durch

durch Kriegsgeschichten von Gustav Adolph, Karl dem zwölften, Ludwig dem vierzehnten, Leopold dem grossen, Joseph I., Karl, Theresia, Friederich, Katharina mit Achmet, und Abdul-Hamid, und endlich Joseph dem zweyten mit Holland, — und Venedig mit Tunis zu unterhalten sich bestrebt.

Diejenigen, welche glauben, daß es ausser den Mauern der Klöster keine fette Ehrwürdigkeiten gebe, sind unendlich betrogen; denn es giebt deren unendlich viele. Ich habe einen Pfarrer gekannt, der zwar auf seinen Baugründen tagtäglich Kommotion machte, durch Studiren seinen Magen, durch Predigen seine Brust nicht schwächte, übrigens ein friedlicher Nachbar war, nichtsdestoweniger aber — ob er schon des Jahres viermal zum Abführen einnahm — so glückselig vegetirte, daß ihn die ganze Gegend einen sehr ehrwürdigen Mann nennte. Auch einen ehrwürdigen Rath habe ich gesehen, dem sein Titel und Rang so wohl behagte, daß man allgemein glaubte, er habe einen guten Theil der Landesprodukte mit vielem

lem Appetite genoßen. Wie manchen Pfleger haben Euer Erzellenz selbst bewundert, der einen so ehrwürdigen Bauch hatte, daß man mehr an ihm, als an den reichen Aernteseldern der Unterthanen den Segen des Landes wahrnehmen konnte? Selbst unter den magnifiken Doktoren der Universitäten giebt es Ehrwürdigkeiten, die mehr Raum brauchen, als sie nothwendig haben, ihre Bücher zu stellen. Doch genug izt! Die Gesellschaft im Untersberg hat sich getrennt, und mein Eremit, der mit seiner satyrischen Erzählungsart sich die Freundschaft seines Gesellschafters Aretin erworben hat, besieht bereits die Schatzkammer, und hat seinem Freunde nunmehr zu verstehen gegeben, daß er nicht ungeneigt wäre, von Seiner Majestät beym bald erfolgenden Abschiede ein Geschenk anzunehmen, wodurch er die Herrlichkeit, und die Grosmuth des allerdurchleuchtigsten Fürsten in der Oberwelt anpreisen könnte.

Fünf=

## Fünfundvierzigstes Kapitel.

Der Ruhm, sprach Aretin, der Ruhm, mein lieber Felizian, ist freylich für unsern Monarchen ein Sporn, der ihn zu mancher grossen und kleinen That allmächtig gezwungen hat. Aber in diesem Falle ist's zweifelhaft, ob er wirken werde. Se. Majestät haben, wie du weißt, frommer Bruder, eben so, wie du, die Eitelkeit der Welt abgeschworen. Sie haben sich nach St. Justus begeben, und sind vielleicht eben darum in diese von allen Menschen entfernte Burg transportirt worden, um desto besser sich dem beschaulichen Leben widmen zu können. Diesen Ursprung hat die feyerliche Bartmeditation. Das häufige Gold und Silber, und die übrigen Kostbarkeiten, die deinen Beyfall zu erhalten die Ehre hatten, sind aus keiner andern Absicht in die Burg gebracht worden, als den Kaiser in der Abtödtung täglich mehr und mehr zu üben. Du verstehst mich, Felizian! Wir wollen aber doch sehen, und uns, so viel möglich ist, Mühe geben, Se. Majestät dahin zu bewegen, daß Sie diese Gelegenheit nicht versäumen, dem eifersüchtigen Franzosen Ihre Größe auch nach Ihrer Entfernung aus der Oberwelt zu zeigen. Wenn dieses nicht wirkt, lieber Fremdling! so rathe ich dir treuherzig, deine Begierde zu befriedigen, und nicht zu wünschen, was du nicht erlangen kannst. Es ist zwar diese Sittenlehre schon lange veraltet, und so sehr abgenützt, daß sie mehr belacht, als befolgt wird; nichtsdestoweniger glaube ich, sie zu rechter Zeit, und an den rechten Mann gebracht zu haben. Hast du schon Zizero's Paradoxen nicht gelesen, so ist dir doch nicht unbekannt, daß nur der reich sey, der nichts wünscht. Auf solche Art ist mancher reich, den man einen armen Teufel schilt, und der Graf Fries kann arm seyn. Ich weiß deine Absichten nicht, andächtiger Bruder! die du durch Karls Grosmuth zu erzielen hoffest; und es könnte vielleicht in diesen ein Grund liegen, der Se. Majestät bewegte, dir diesfalls an die Hand zu gehen. Meine Absichten, erwiederte Felizian stotternd, meine Absichten — Sie sind

J ein

ein Poet, Signor Aretino, — könnten mich verlachen, oder wohl gar ein Sonetto über mich schreiben.„ Nichts minder, Felizian! seit meinem Aufenthalt im Untersberg hab' ich kein Sonetto mehr gemacht. Du haſt weder meine Satyr, noch mein Ausplaudern zu fürchten. Felizian faßte Muth, und entdeckte ihm — jedoch mit gehöriger Schamhaftigkeit; indem er ſeine Augen auf den Bart heftete, und die Hände über's Kreuz auf die Bruſt legte — daß er geſonnen wäre, das Herzogthum Bayern zu kaufen, und dadurch dem Mißtrauen ein Ende zu machen, das dieſer goldene Zankapfel zwiſchen den pfälziſchen Häuſern, und dem brandenburgiſchen einerſeits, dann dem öſterreichiſchen, und den Illuminaten in Bayern andrerſeits bisher erreget hätte. Aretin wollte nicht einſehen, daß der Zank auf ſolche Weiſe gehoben würde, und gab ſich Mühe, ſeinen Freund zu bereden, daß er von ſeinem weitausſehenden Vorhaben abſtehen, und ſich hüten ſollte, in die Hände der Mächtigen zu fallen. Frater Felizian hatte tribus antyciris caput inſanabile. Er machte eine

ſaure

saure Miene, und — ich muß es zum Nachtheil meines Helden aus Liebe zur Wahrheit gestehen — weinte sogar.

Aretin, der kein so arges Herz hat, als ihm seine gottseligen Landesleute zumutheten, weinte mit ihm. Allein da er die Unmöglichkeit voraussah, seinen Freund an das Ziel führen zu können, wornach er gleichsam lechzte, wie Apoll einst nach seiner Daphne, und der Hofjunker nach einem gnädigen Blick seines Herrn: so konnten seine Thränen eben so wenig trostreich für Felizian werden, als die Thränen eines Monarchen sind, der auf dem Schlachtfelde seine erschlagenen Krieger zählt. Ich habe dieses Gleichniß nicht niedergeschrieben, um dadurch zu erläutern, daß königliche Thränen nicht mehr werth seyen, als die Thränen eines armen Schöngeistes, der sie, wenn's der Fall erfordert, trotz jedem Fräulein nach Belieben, und stromweise fließen lassen kann. Ehre genug für einen König, wenn er weinen kann. Solche Thränen verdienen, von den grösten Dichtern der Nation besungen zu werden.

den. Auch die Thränen eines dirigirenden Ministers sind dieser Ehre werth. Ich habe mir von einem sagen lassen, der so bescheiden war, daß er Gott für sein hartes Herz dankte. Wirklich war er im Stande, einen Menschen im elendesten Zustande, den man sich denken kann, um Hilfe flehen, und um Gerechtigkeit bitten zu hören, ohne daß er das mindeste Zeichen von sich gab, daß er etwas mehr empfände, als ein musikalisches Ohr bey einer übelbestellten Musik. Er sagte gewöhnlich mit vieler Standhaftigkeit: „gutes Kind! es kann nicht seyn; man kann nicht überall helfen. Laß vorfahren, Jean! in die Opera buffa„ Hätte der Minister geweint, so würde der arme Unterdrückte sein Elend um die Hälfte leichter übertragen haben. Dafür bleibt ihm aber auch der Fluch des Landes, und aller guten Menschen.

Aretin (um von königlichen, und ministerialischen Thränen wieder auf die schöngeisterischen zu kommen) weinte mit aufrichtigem Herzen, und erschwerte doch, ob er gleich nicht

helfen

helfen konnte, dem unglücklichen Eremiten sein
Misgeschick nicht durch kalte, lieblose Worte.
Gieb dich zufrieden, sprach er, lieber Felizian!
wir wollen sehen, was in der Sache zu thun
sey.

## Sechsundvierzigstes Kapitel.

Sie verließen die Schatzkammer, und begaben sich auf das Feld hinter der Burg. Der
angenehme Abend weckte im Herzen Felizians
wieder Empfindungen, die er seit seinen akademischen Jahren nur in seinen besten Stunden
bey sich wahrnahm. Allgemach fieng sein Herz
an, sich zu erweitern, und die Lust des Lebens
zu fühlen, das man genüßen kann, ohne Herzog von Bayern, oder Graf Fries zu seyn.
Aretin bemerkte diese Veränderung, und be-
nützte sie. Mein Freund — so sprach er —
auch im Untersberg ist die Natur schön. Eben
so, wie in der Oberwelt, vergoldet die sinken-
de Sonne die Wipfel der Bäume. Horch!
wie die Lerche singt! wie die Weste lispeln!
der Bach rauscht! Aber ach! kein Mädchen

ist hier, das an unsre Seite sich schmiegend, mit ihren Blicken die schmachtende Sonne, mit ihrer melodischen Stimme das Lied der Lerche beschämt. Um das seyd ihr in der Oberwelt glücklicher. Uns ist es nicht gestattet, ein Mädchen zu besitzen, das uns die Sorgen des Lebens, des einfachen Lebens versüßet, das wir über die zwey Jahrhunderte leben; O Felizian! was sind die Reichthümer des Kaisers, verglichen mit einem blauaugigen Mädchen? Der Eremit erinnerte sich an seine Minna, und gestand seinem Freunde, daß er diesfalls nicht unglücklich gewesen wäre, und im Lenze seines Lebens ein Mädchen geliebt hätte, das mit den Grazien und Musen allerdings hätte verglichen werden können. Und wo ist sie nun, diese ehmalige Geliebte? fragte der Dichter. „Sie lebt auf dem Lande, unverheyrathet, und traurig, von ihrer Erbschaft; sichere Leute sagten mir, daß sie nie zu bewegen gewesen wäre, sich zu verehlichen, weil sie noch immer hofte: ihr Ferdinand — so hieß ich vor der Zeit, da ich mich der Desertion wegen incognito zu bleiben entschließen mußte — ihr

einziger

einziger Ferdinand könne nicht untreu seyn. Ich will es auch nicht — auch in dem Falle nicht, wenn ich so unglücklich seyn sollte, meinen Zweck zu verfehlen. Ich habe was gelernet, und bin entschlossen, alles zu versuchen, um sie glücklich machen zu können. Aretin bestärkte ihn, und Felizian, begierig des Ausgangs seiner merkwürdigen Reise, entschloß sich, am künftigen Morgen sich bey seiner Majestät allerunterthänigst zu beurlauben, und gleichgiltig zu erwarten, was Allerhöchst Dieselben belieben würden, seiner Andacht darreichen zu lassen. Die Sonne sank, und die Nacht, wie jedermann weiß, brach nach ihrem Untergange herein. Felizian und Aretin kehrten in die Burg zurück, und begaben sich in die Musikakademie, die der Kaiser durch Granvelle indeß veranstalten ließ, um Felizians Gegenwart zu ehren, und bey welcher Se. Majestät abermals incognito zu erscheinen geruhten.

Der Saal bey Granvelle ist beleuchtet, die Gesellschaft gegenwärtig, die Instrumente gestimmt, die Symphonie beginnt.

## Siebenundvierzigstes Kapitel.

Da ich gewiß versichert bin, daß meine Leser kein Verlangen in sich fühlen, eine Abschrift von der Simphonie zu sehen, die auf dieser Akademie produziert worden ist: so habe ich mehrmal Gelegenheit, meinen Felizian im Saale sitzen, und horchen zu lassen; indeß ich mit Euer Hochgräflichen Exzellenz, als würdigstbestellten Musikintendenten die Ehre habe, über die Musiken in der Oberwelt zu sprechen. Ich verstehe das Personale, das unter Hoch-Dero Aufsicht zu stehen hat. Das besteht nun aus Kastraten, Violinisten, Violonzellisten, Fagottisten, Oboisten, und wie sie alle heißen, nebst ihren Instrumenten. Euer Exzellenz befremdet es, daß ich so ganz ohne Beruf mit Ihnen von dieser Art Leute zu reden mich unterfange, die in der ganzen Welt beliebt, und an allen Höfen angesehen ist.

Die Befremdung ist ganz natürlich; allein sie wird aufhören, sobald Sie die Ursache meiner

ner Vorstellungen, die ich Ihnen im Namen der Menschheit vorlegen werde, zu vernehmen die Gnade gehabt haben. Ich wünsche nämlich, daß Euer Exzellenz dem Durchleuchtigsten Landesherrn vorstellen möchten, daß die Verwaltung der Gerechtigkeit, und der Polizey dem Lande nicht so hoch zu stehen komme, als das landesväterliche Ohr.

Seine Durchleucht wissen vielleicht nicht, daß der Abstand so sichtbar ist, und daß er gerechtes Misvergnügen bey denjenigen erreget, die zwar zum Vergnügen ihres gnädigsten Landesvaters einen billigen Beytrag machen, aber doch nicht billigen können, daß man am Hofe eines Fürsten würdige Staatsbediente hungern lasse, um Tagdiebe zu füttern. Wenn diese Herren so bescheiden wären, zu glauben, daß man einem emsigen Schulmeister auf dem Lande mehr Achtung schuldig sey, als ihnen, so würden sie vom klugen Menschenfreund vielleicht nicht so verabscheuet werden. Allein diese grosbesoldeten Flachköpfe dünken sich besser, als ein Mann zu seyn, der für das Wohl

des

des Staates sorgt, und mit seiner Familie kümmerlich lebt. Euer Exzellenz vergeben — ich bin am Ende.

## Achtundvierzigstes Kapitel.

Nach vollendeter Akademie, auf der ein heulender Eunuch eine Arie von der Keuschheit des Herzens geschluchzet hatte, die unserm Felizian, als einem Manne von Geschmack, durchaus nicht gefiel, ward es Sr. Majestät intimirt, daß der Eremit künftigen Morgen abzureisen gedächte. Der Kaiser ließ ihn zu Granvelle auf ein Frühstück laden, um noch einmal mit ihm incognito sprechen zu können. Felizian und Aretin begaben sich hierauf in das Zimmer des erstern, und wurden von Schwendy, Granvelle, und Naves beym Nachtische besucht. Er erzählte ihnen noch mancherley Begebenheiten aus der Oberwelt, wodurch sie bey Gelegenheit Se. Majestät den Kaiser unterhalten könnten.

Mir würde es zu schwer seyn, aus den abgebrochenen, ganz sinnlosen, und zum Theile auch

auch unlesbaren Erzählungen des Eremiten, wie er sie niedergeschrieben hat, bevor er zu Bette gieng, etwas ganzes zusammenzufügen, das werth wäre, den Augen meiner Leser vorgelegt zu werden; den einzigen Bericht ausgenommen, den er ihnen über Doktor Meßmer und Konsorten machte, welchen ich auch im folgenden Kapitel wiederzusagen nicht unterlassen werde. Mein Held war überdies schläfrig, und erzählte, wie leicht zu vermuthen ist, sehr schlecht. Wir lassen ihn also zu Bette gehen: aber sogleich wieder aufstehen, und sich reisefertig machen. Die Nacht ist vorbey, und Aretin begrüßt seinen Freund, und begleitet ihn zu Granvelle, wo er, wie gesagt, die Ehre haben wird, mit Sr. Majestät zu frühstücken.

## Neunundvierzigstes Kapitel.

Felizians Begriffe vom Magnetism, durch den sich mysteriöse Geisterlein in den Zustand versetzen können, in welchem die Pfäffin zu Delphi sich befand, wenn sie auf ihrem Tripus

das

das künftige Schicksal der Nationen witterte, und für baares Geld enthüllte, machen seiner Kutte wenige Ehre. Meßmer, behauptet er, sey offenbar ein Betrüger, und verdiene eben sowohl gestäupet zu werden, als jener Alexander, dem der scharfsinnige Lukian die Larve vom Gesichte nahm. Seine Anhänger aber — denn unser Held, wie Euer Hochwürden schon oft werden bemerkt haben, urtheilt sehr nachsichtig — seyen entweder ebenfalls Betrüger, oder elende Betrogene. Ich wage es nicht, den Grund dieser Behauptung zu rechtfertigen; daher setze ich die Worte des Eremiten, so wie er sie halb träumend lallte, und niederschrieb, unverfälscht her, und überlasse es dem Urtheil meiner gnädigen Leserinnen, was der sogenannte Exaltationsstand, in den man durch den Meßmerschen Magnetism, wie gesagt, versetzt wird, für eine Aufmerksamkeit verdiene.

Wenn ich — so sprach Felizian — bedenke, wie viele berühmte Männer sich von dem wienerischen Gaukler, und seinem Spiele bethören ließen, so kann ich nichts anders, als

die

die Blindheit des menschlichen Verstandes betrachten, und beweinen. Selbst Protestanten, die doch uns armen Katholiken schon vorlängst den Verstand abgesprochen haben, treiben das dumme Spiel, exaltiren sich untereinander, und schämen sich nicht, ihre grossen, tadellosen Geister durch den Magnet vervollkommen zu lassen. Freylich sind auch sie Menschen, und empfinden den Kitzel der Wollust eben so wohl, als die Mädchen zu Strasburg, die, wie man sagt, allgemein von ihren Hylassen im Kriegsrocke magnetisirt werden. Mein lieber Freund! die Kerls verderben, wenn's so fortgeht, die ganze Nachwelt der Strasburger, und wo der Magnet sonst noch im Kredit ist. Ich bin von Natur zu züchtig, als daß ich mich deutlicher erklären könnte. Verstehen sie mich? Man hat die Herren Magnetisirer schon in öffentlichen Blättern über ihr Verfahren zur Rede gestellt — aber sie blieben die Antwort schuldig, und rotteten sich am Ende sogar in einen Orden zusammen: da sie denn dem Staate, und der Menschheit wahrscheinlicher Weise noch mehr Schade thun werden,

als

als vorher. In Bayern hat man die Illuminaten verjagt — recht so — warum wollten sie heller denken, als die Jesuiten; aber nichtsdestoweniger glaubte ich, daß die Regierungen der Länder, die vom Magnetism infizirt sind, der Menschheit eine viel größere Wohlthat erweisen würden, wenn sie sich bestrebten, dieses Unheil von der Wurzel auszurotten. Auch würde Nikolai zu Berlin besser thun, wenn er seine Spürnase, anstatt in jedem Winkel einen Jesuiten zu wittern, zur Aufsuchung der Magnetisirer verwendete. Diese winzigen, oder erzbübischen Volksverführer würden sich gewiß vor seiner sehr geübten Lästerzunge fürchten. Aber um Vergebung, Aretin! Sie schlafen ja! gute Nacht!

## Fünfzigstes Kapitel.

Der Kaiser ließ nicht lange auf sich warten, wie es an den Höfen gewöhnlich zu geschehen pflegt, und die Chocolade stand auf dem Tische. Frommer Bruder, fieng Karl an, an, du gehst wieder zurück in die Oberwelt. Ich habe Befehl gegeben, dir an der Pforte ein Geschenk zu überreichen, das dich deinen Landsleuten ehrwürdig machen wird. Vergiß nicht der Ehren, die du an meinem Hofe empfangen hast, und sey glücklich bis an das Ende. Felizian beugte sich tief, und dankte Sr. Majestät für die Gnaden sowohl, die er Zeit seines Aufenthalts im Untersberg genossen hatte, als für das Geschenk, das ihm an der Pforte dargereicht werden sollte, und gieng, nicht ohne Thränen, von Aretin begleitet dem Thore zu.

P. Tekel empfieng ihn, ohne ein Wort zu reden, eröfnete das Thor, und überreichte ihm ein Packet im Namen Sr. Majestät. Aretin sah den Eremiten mit forschenden Augen in das Gesicht, und da er bemerkte, daß in seiner Seele kein sonderbarer Aufruhr entstanden sey, so wagte er's, seinem Freunde Felizian noch vor der Trennung zu sagen, daß er sich beym Vizekanzler für ihn verwendet, aber zur Antwort erhalten habe, daß der Kaiser

ser eben so wenig befugt sey, etwas von den Schätzen dieser reichen Burg zu veräußern, als der Prälat eines Klosters.

Felizian hatte sich zur Standhaftigkeit vorbereitet, und schien diese Nachricht mit vieler Gleichgiltigkeit anzuhören. „Ich habe mich entschlossen, sprach er, um die Schulmeisterstelle zu A.. zu werben, und auf das Herzogthum Bayern Verzicht zu thun. Mein Mädchen, das ich vor 27 Jahren zum leztenmale sah, wird sich doch freuen, mich endlich ganz in ihre Arme schließen zu können, wenn ich ihr auch keinen Fürstenhut zum Brautschatz bringe. Es ist so alles vergänglich in der Welt." Indeß aber hat er doch mit dem Daume, und dem ersten Finger das Packet gefühlt, ob er nicht etwa an der Härte desselben Gold, oder Silber, oder wohl gar Edelsteine wahrnehmen könnte. Er warf den Lefzen auf, und meine Leser verstehen ihn, und mich. Aretin lobte sein philosophisches Betragen, und lud ihn ein, wenn's möglich seyn würde, noch einmal die Karlsburg zu besuchen,

chen, und ihnen Nachricht zu bringen, wie die Menschen in der Oberwelt bey seiner Rückkehr aus dem Untersberg ihn aufgenommen hätten. Felizian schlug die Einladung nicht ganz aus, und neigte sich izt vorwärts zum Abschiedskuße, den Aretin mit vieler Zärtlichkeit erwiederte. Dreymal sahen sie sich um; aber der feindselige Tekel hatte, da sie sich das drittemal umsahen, die Pforte schon geschlossen. Freylich kann Felizian nicht gewiß wissen, ob Aretin seinerseits ebenfalls dreymal umgesehen habe: da die Pforte geschlossen war, und er ihn in der Folge nie wieder gesprochen hat; allein er vermuthete mit Grund, daß der Dichter, sein Freund, nicht weniger zärtlich gewesen sey, als er.

Wir haben izt unsern Helden wieder ganz allein, und könnten ihn, wenn wir nicht zu müde wären, bis nach Hause Schritt für Schritt begleiten; aber mit ihrer Erlaubniß! wir setzen uns auf ein Luftschiff, und schnell, wie der Wind, sind wir im Pfarrhofe zu E..., wo der Herr Pfarrer über Tisch von

K Felizian

Felizian spricht, und auf die Anempfehlung seiner dienstbereiten Jungfer Köchin erklärt, daß er ihn gern als Schulmeister annehmen wollte, wenn er sich darum bewerben würde. Die Jungfer Köchin sendet hierauf einen heimlichen Bothen nach H. in die Klause, der dem Eremiten eben unter der Thür begegnet, so wie er von seiner merkwürdigen Reise zurückkam.

## Einundfünfzigstes Kapitel.

Gesagt, gethan. Felizian warb um die Schulmeisterstelle, und erhielt sie. Nachdem er förmlich investirt, die Kutte ausgezogen, und der Weltrock angelegt war, begab er sich, schön rasirt, und geputzt, zum Mädchen seiner akademischen Freuden. Sie empfieng ihn, wie sie sich einbilden können, ( ich rede mit Jungfern von 44 Jahren ) mit offenen Armen und rief: wie? du? du Ferdinand? — Ferdinand? — Ferdinand? und so weiter. Ich will meine Leser nicht aufhalten. Wir sind am Ende. Nach fünf Wochen war die Trauung, und

alles

alles übrige vorüber; worauf sich Felizian zu mir begab, und, wie sie wissen, geheimnißvoll lächelnd in's Zimmer tratt. Ich bin im Stande den gnädigen Leserinnen zu erklären, woher die geheimnißvolle Miene sich schrieb, die uns vor seiner Reise nicht seltsam vorgekommen ist, da sie die Wichtigkeit seiner Unternehmung bezeichnen mußte. Er wollte nämlich zu verstehen geben, daß der Grund zum Kurprinzen, oder doch zum Schulmeister bereits gelegt sey. Meinerseits wünsche ich ihm Glück, und werde ihm für seine Brieftasche ewigen Dank wissen, durch die er mir Gelegenheit gegeben hat, mit ihnen, Hochansehnliche Leser, zu sprechen, und einigen von ihnen vielleicht auch eine kurzweilige Stunde zu machen. Ich bin so stolz nicht, zu glauben, daß ein Mensch auf der ganzen Welt sey, der einen beträchtlichen Nutzen aus meiner Reisebeschreibung schöpfen könnte; allein diesfalls wird mich kein kluger Mann verdenken, wenn er betrachtet, daß es so wenige Leser im achtzehnten philosophischen Jahrhundert gebe, die deßwegen lesen, um Nutzen zu schöpfen.

Die Lektur, heißt es, ist zur Belustigung eine ganz gute Sache; aber nothwendig ist sie eben nicht, um in Gesellschaften von bon ton, und in der großen Welt eine Figur spielen zu können. Sie haben auch allerdings Recht; und ich setze noch von meinem hinzu, daß mein Büchgen unter allen noch am wenigsten beytragen kann, einen Menschen für die grosse Welt zu bilden. Folgendes Kapitel ist nachzutragen, weil ich vergessen hatte, daß mein Buch eine Dedikation vonnöthen habe. Wer es nicht lesen will, der mag nun schließen, und das Büchgen in den Schrank, oder hinter den Ofen werfen, wie er will; wer aber Lust hat, mein Gönner zu werden, der lese!

## Zweyundfünfzigstes Kapitel.

Ich empfehle hiemit allen und jeden, die diese Dedikation lesen, oder nicht lesen — denn sie werden davon durch Rezensenten berichtet werden — mich und meine Reisebeschreibung. Nehmen Sie selbe in Ihren Schutz gegen diejenigen,

jenigen, die sie entweder aus Unglauben verwerfen, oder aus übertriebener Liebe zur Ordnung verdammen wollen. Ich bekenne gern, daß ich die Gunst und den Schutz eines philosophischen Gönners nicht verdiene; wie ich denn schon im Eingange versichert habe, daß ich für diese Menschenklasse nicht schreibe. Was würde mir auch der Schutz eines Philosophen frommen? — Euer Exzellenz, Hoch und Hochwohlgeborne, auch Hochwürden und Gnaden sind das Augenmerk meiner demüthigen Wünsche. Ihnen, und wohl auch den gnädigen Fräulein, denen ihr Putz, Spiel, Besuche und dergleichen Sachen, die Leute von Verhältnissen den ganzen Tag hindurch beschäftigen, noch einige Zeit übrig lassen, mich zu lesen, oder lesen zu hören, oder in Journalen bekritikastert zu finden, widme ich diese Schrift mit der Versicherung, daß mich bloß der Gedanke reichlich für meine Mühe belohnen werde: Sie haben allerseits mit Vergnügen von Frater Felizians merkwürdiger Reise gehört.